# 米中新冷戦で激変する「未来の覇権地図」

令和日本はどこに向かう？

米経済誌『フォーブス』元アジア太平洋支局長
ベンジャミン・フルフォード
Benjamin Fulford

かや書房

カバー写真提供・ロイター＝共同

# はじめに

２０１９年5月1日、日本では平成から令和へと元号が変わった。これを契機として日本は自らの手で、本当の意味での新時代を築いていかなければならないと思う。

しかし、現実はどうだろうか。

２０１９年7月21日に投開票された第25回参議院選挙の結果は、改憲発議に必要な３分の２の議席を割ったものの、与党である自民党と公明党を合わせて過半数を維持することになった。これで安倍晋三首相は、２０１２年９月に自民党総裁に復帰してから国政選挙で６連勝となり、政権は依然として変わらず、それどころか安泰のように見える。

とはいえ、先の参議院選挙の投票率を見ると、前回の２０１６年参議院選挙よりも５・９ポイントも下回り、24年ぶりに50％を割って48・８％だった。なんと有権者の半数以上が選挙に行かなかったのだ。これは安倍政権に対する信頼からなのか。それとも何をいっても無駄だという諦めなのか。はたまた日本がどうなろうと知ったことではないという無関心、または絶望なのか。

一方、世界に目を転じてみると、アメリカと中国との貿易摩擦はいっこうに鎮静化することはない。アメリカ・ファーストを唱えるアメリカのトランプ大統領が中国との貿易赤字を解消するために中国からの輸入品に対する関税を引き上げれば、中国もアメリカへの関税を引き上げるという対抗措置を繰り返した。いったんは貿易交渉で合意に達したと思われたが、2019年5月、中国政府が突如、合意した約束のほとんどすべてを白紙に戻し、事実上、アメリカとの貿易戦争へと突入した。

これは、まさに「米中新冷戦」の幕開けといってもおかしくはない。

さらに、ヨーロッパでは欧州連合（EU）離脱をめぐってイギリスのテリーザ・メイ首相が辞任し、2019年7月、ボリス・ジョンソンが新たに首相に就任した。

ロシアと対立関係にあるウクライナでもペトロ・ポロシェンコ大統領が失脚し、2019年5月、政治経験のまったくないお笑い芸人、ボロディミル・ゼレンスキーが大統領に就任した。

イスラエルのベンヤミン・ネタニヤフ首相も新政権の組閣作業に失敗したために行われた総選挙で過半数を取れず、10年にも及んだ政権の終焉を迎えようとしている。

「世界の石油庫」とも呼ばれている中東では、2019年9月、サウジアラビアの石油施設が攻撃を受けるという事件が勃発し、イエメンの武装組織フーシ派が犯行声明を出したが、アメリカはイランが関与していると強く主張している。

南米のベネズエラでは、独裁色の強いニコラス・マドゥロ大統領に対する反政府デモが行われ、2019年1月、フアン・グアイド国会議長が暫定大統領就任を宣言。アメリカのトランプ大統領がすぐに承認したが、ロシアや中国など多くの国が内政干渉だとしてアメリカを非難する事態に至った。

アジアでは、香港で逃亡犯条例改正に反対するデモが起こり、1997年の返還以来、最大の反政府運動にまで発展した。

北朝鮮の核問題もまだまだ先行きが不透明だ。韓国にしても、徴用工訴訟問題に端を発した形で、日本が優遇措置の対象国であるホワイト国（現在は「グループA」に改称）から韓国を除外したことに反発し、日本との関係が過去最悪の状態にまでなっている。

その他、さまざまなところで世界の情勢は刻一刻と変化している。

これら日本を含む世界の一連の情勢は、もちろん、それぞれが単独で動いているわけではない。権力争いと利害関係が複雑にからみ合っている。

私はさらにこう言いたい。

これら世界の情勢はすべて、国際権力の頂点で起こっている変化に基づくものなのだ、と。

これまで国際権力の頂点に君臨していたのは，私の著作を読んでいただいている方にはもうお分かりかもしれないが、私が「ハザールマフィア」と呼んでいる大富豪とその一族の者たちのことだ。

その詳細は本文で述べるが、彼らは700人ほどで構成されており、欧米や日本の大企業を支配・管理し、さらには世界中のほとんどの国の中央銀行を私物化してきた。日本銀行も例外ではない。その上で、日本を含む各国の政治家を賄賂漬けにし、大手マスコミを傘下に加え、大衆世論も操作してきた。そうやって世界を牛耳ってきたのだ。

しかし、ここに来て新たな勢力が台頭してきた。

それはアメリカ軍や英国連邦、ロシア、アジアの結社、そして中国などである。これら新勢力がハザールマフィアを世界権力の中枢から排除するために動きだしているのだ。

もちろん、だからといってハザールマフィアも、「はい、そうですか」と黙っているわけではない。なんとか権力を維持しようともがいている。

中には新勢力の追求から逃亡を図ったり、新勢力側に鞍替えしようと画策したりしている者たちもいる。

それゆえに新勢力と旧勢力との対立の構図が複雑化して見えにくくなってしまうのだが、この構図は変わらない。誤解を恐れずにいうなら、現在の世界情勢の主な出来事はすべて、新勢力と旧勢力の世界覇権をめぐる戦いの結果であり、それこそが国際権力の頂点で起こっている変化に他ならない。

逆にいうなら、新勢力と旧勢力の対立という構図で世界情勢を見ていくと、とても分かりやすくなるということでもある。米中貿易戦争や中国の躍進、日韓問題などもすべてスッキリと説明がつく。いずれも新勢力と旧勢力の世界覇権をめぐる戦いであり、その中での出来事なのだ。

そして結論を先にいうなら、新勢力と、旧勢力であるハザールマフィアとの対決は、新勢力が勝ちつつあるということだ。このことも本文で詳しく述べていく。

そんな世界情勢の中で日本はどうすればいいのだろうか。

じつは、日本は戦後から現在に至るまでハザールマフィアの支配に置かれている。それは否定しようとも否定できない事実だ。

特に80年代半ばから日本はアメリカによって解体され、日本の資本をことごとくハザールマフィアである外国資本に吸い上げられてきた。小泉純一郎内閣が押し進めた竹中平蔵による構造改革などは、これまでの日本型経済運営を崩壊させ、外国資本家に日本を切り売りしただけともいえる。

その結果、どうなったか。一部の富裕層はますます豊かになったかもしれないが、日本の経済成長率は低下の一途をたどり、厚生労働省の国民生活基礎調査によると、日本はアメリカ、中国に次ぐ世界第3位の経済大国でありながら、今や7人に1人が貧困にあえいでいる状況にまで陥ってしまった。

このままでは誰も子どもを産んで育てようとは思わない。少子化が進むのは当たり前だ。

２０１９年6月、金融庁の金融審議会が「老後資金は２０００万円必要」という報告書を提出したことで日本中が大騒ぎとなり、その報告書をなかったことにすることで政府はもみ消しを図った。しかし、このまま少子化が進んで高齢者を支える若者がいなくなっていく現状では、政府がどんなに押し隠しても、年金制度は遅かれ早かれ破綻するだろう。

そんな貧困と少子化が進む日本なのに、２０１９年10月、政府は景気後退を招く消費増税を断行し、将来的にはさらなる増税も目論んでいる。

その上、水道民営化など、さらに日本の資産を外国に売り渡そうとさえしている。ますますハザールマフィアを太らせるだけのようにしか思えない。このままでは日本は経済運営そのものを維持していくことが不可能になってしまうだろう。

それは何も日本ばかりではない。アメリカやヨーロッパ、中国も含めて、これまでの既存の経済運営の方法ではもはや立ち行かなくなってきている。だからこそ、経済と金融の仕組みを変えるためにも、世界経済を牛耳ってきたハザールマフィアを駆逐しようという新勢力の動きが活発化してきたともいえる。

日本もこの世界の潮流に乗り遅れてはいけない。

そのためには刻一刻と変化する世界情勢を冷静な目で分析し、日本の進むべき道を模索していくしかない。その道しるべとして本書を読んでもらえればと思う。

平成から令和へと新たな幕が開けた日本。

だからこそ、世界の覇権地図が変わろうとしている今、日本人自らの手で新しい時代を切り開いてもらいたい。

日本が生き残るためには「今」しかないのだ。

# 米中新冷戦で激変する「未来の覇権地図」令和日本はどこに向かう？◆目次

をドルに代わって基軸通貨に／産油国への急接近と原油先物市場への参加／現代版のシルクロード「一帯一路」経済圏構想／アジアの王族と金本位制の復活／世界一の技術大国を目指す「中国製造2025」／「世界の部品組立工場」だった中国／「5G」「AI」ハイテク分野でアメリカを猛追／トランプの狙いは「中国製造2025」つぶし／アメリカを本気にさせた中国の宇宙戦略

# 第1章

# 米中貿易戦争の裏にある「世界覇権」をめぐる戦い

## アメリカの敗北と中国の野望

## 「貿易摩擦」から「貿易戦争」に突入

アメリカ第一主義（アメリカ・ファースト）を掲げ、２０１６年にアメリカ合衆国の大統領に当選したドナルド・トランプ。選挙中に掲げた対中貿易赤字の削減という公約どおり、貿易不均衡を是正するよう中国に強く求めていった。

アメリカ側の主張は、中国はアメリカに対して不公正な貿易慣行を押し付けており、アメリカ企業の知的財産権を侵害しているばかりか、助成金や補助金などで中国の国内企業を不当に優遇しているというものだった。

しかし、貿易不均等はいっこうに改善しないどころか、２０１９年1月に発表された中国の税関総署のデータによると、２０１８年の対米黒字は３２３３億ドル（約35兆円）となり、過去最大を更新するまでになる。

アメリカと中国は、貿易摩擦解消のために米中閣僚級会議を開催するなどして妥協点を探ったが、２０１８年7月、トランプ大統領はしびれをきらしたように中国から輸入される３４０億ドル相当の８１８品目に対して25％の追加関税の適用を発動する。これが中国に対する関税措置の第1弾だった。

これに対して中国も同規模の報復関税を発動し、「米国は世界貿易機関（WTO）ルールに違反し、経済史上最大の貿易戦争を仕掛けた」と強くアメリカを非難する。

アメリカは、さらに同年8月に160億ドル相当の中国製品279品目を追加関税の対象とする第2弾の関税措置を実施し、9月には一気に2000億ドル相当の5745品目にまで対象を拡大して10％の追加関税をかける第3弾の関税措置を発動する。

第3弾の関税措置に関してトランプは、両国の通商協議で歩み寄りがなければ2019年1月に税率をさらに25％に引き上げるとしていたが、2018年12月1日に行われた習近平国家主席との米中首脳会談の結果、税率の引き上げは延期されることになった。これで米中貿易戦争はなんらかの着地点を迎えるだろうと期待された。

ところが、2019年5月、これまでの貿易交渉で積み上げてきた合意を白紙に戻すような修正案を中国が突如、アメリカに突き付ける。

これに反発したトランプは、中国に対する関税を引き上げることをツイッターで表明するとともに、中国への関税措置の第4弾として、3000億ドル相当の中国製品3805品目に対して最大25％の関税を課す計画を5月13日に表明した。

この関税措置に対して中国もすぐに反応し、600億ドル相当のアメリカからの輸入品に対して関税を最大25％に引き上げる方針を発表する。中国はアメリカの圧力には屈しないことを表明するとともに、「貿易衝突をあおり、挑発して、貿易戦争にしたのはアメリカ側だ」と主張し、あくまでもアメリカに非があるとして、今回の対抗措置は正当防衛であることを強調した。

さらに、中国外務省はそれまで「貿易摩擦」という言葉でアメリカとの貿易問題を表現してきたが、このとき初めて「貿易戦争」という言葉を使うようになり、米中は本格的に貿易戦争に突入していくことになる。

## 強気な態度の裏で妥協を探るトランプ

ここまでの流れを見てくると、アメリカは強気で脅しともいえる追加関税の措置を繰り出しては中国に譲歩を迫ろうとするが、中国は一歩も引かないという構図であるように思える。

ビジネスマン出身のトランプは、『The Art of the Deal（交渉の美学）』（邦題『トランプ自伝』）という著書があるほど交渉には自信があり、海千山千のビジネスマンを相手に闘って勝利してきたという自負がある。その交渉のやり方は、過大ともいえる要求を最初にぶちあげ、相手がひるんでその要求を飲めばしめたもので、そうでなくても相手が妥協したところで合意点を見つけ、最終的には自分に有利に交渉が運ぶよう持っていくというものだ。

まさに中国に対する第4弾に至る追加関税の措置は、トランプお得意の「The Art of the Deal」だったのかもしれない。しかし中国は少しもひるまない。その頑なな態度にトランプは内心慌てふためいていることだろう。

じつは、トランプは中国に対して一貫して強気な態度を取っているわけではない。

2018年7月に発動された中国に対する関税措置の第1弾の対象品目は、当初のリストからテレビなどの515品目を除いたものだった。なぜ対象品目から外したかといえば、その品目に関税が強化されると、アメリカ経済が困るからに他ならない。例えば、関税を強化されてテレビの小売り値段が上がることで一番困るのは、それを売るアメリカの家電小売業者であり、それを買うアメリカ国民だ。

2018年8月に発動された第2弾の関税措置にしても、その課税対象となった品目リストには、ここ数十年間、中国から輸入されていない生のトラウトやアナグマの毛といったものが含まれていた。つまり関税が引き上げられたとしても誰も困らないものを選んだということである。

2018年9月に発動された第3弾の関税措置も同様で、その課税対象は当初は6031品目の予定だったが、5745品目に減らされた。その除外された対象品目は、スマートフォンや電気自動車などの先端技術製品に必須の原料として使用されるレアアースなどだった。

これも関税を強化されると、むしろアメリカ側が困る品目だ。

このように言葉では強気なことをいうトランプだが、拳を振り上げているわりには中身が伴っていないことが分かる。

2019年5月に中国からの突然の合意破棄を突き付けられて発表した3000億ドル相当もの中国製品に対する追加関税の第4弾にしても、すぐに発動するようなことはせず、6月末以降になると表明し、それまでに習近平と会談する意向も示した。しかも、トランプは中国が報復関税を発表する前に自身のツイッターに次のように投稿している。

「中国は報復すべきでない。さもなくば、状況は悪化するだけだ！」

これは良くいえば、貿易戦争を激化させないように中国をけん制したように見えるが、うがった見方をすれば、これ以上貿易戦争を激化させないでくれと中国に懇願しているようにも思える。

案の定というべきか、6月29日、大阪で開催された地域首脳会議（G20大阪サミット）の閉幕後の記者会見においてトランプは、同日昼に行われた習近平との会談を「とても素晴らしい会議だった」と持ち上げ、「交渉を続けていくが、少なくとも当座は中国に関する関税は引き上げない」と明言した。これも中国側の譲歩を期待し、懇願するような言い回しにも聞こえなくはなかった。

しかし、それでも中国は譲歩しなかった。

## 中国はトランプ流の脅しを見抜いている

２０１９年８月１日、トランプはG20大阪サミットで合意された農産物の大量購入を中国が履行しないとして、中国に対する第４弾の追加関税措置を９月１日に発動することを正式に表明する。

新たに追加関税の対象となる３０００億ドル分の対象品目には、スマートフォンなどの携帯電話やノートパソコンなどのＩＴ製品が含まれることになり、今度こそはアメリカも本気のように思われた。

アメリカに輸入されるスマートフォンは中国製が８割を占めており、ノートパソコンやゲーム機もその９割以上が中国製である。これらに追加関税をかければアメリカ経済への打撃も懸念されることになるが、それでも中国に対して強硬姿勢を見せたのだ。

しかも、アメリカは中国から年に約５４００億ドル相当の製品を輸入しているが、第４弾の追加関税措置が発動されると、対象除外となっているレアアースや医薬品などの一部を除き、中国からの輸入品のほぼ全製品が追加関税の対象となることになる。

このような強硬姿勢をとった理由は、中国が約束を破ったからだとアメリカは主張したが、中国にも言い分はあった。先のG20大阪サミットでの米中首脳会談において、習近平は中国の通信機器最大手である華為技術（ファーウェイ）への制裁解除をアメリカに求めた。トランプも直後の記者会見で制裁緩和に言及したのだが、アメリカ議会の反発で棚上げされたままになっていた。それゆえに、中国はアメリカからの農産物の大量購入を履行しないのであって、約束を守らないのはアメリカの方だというわけである。

ちなみに、ファーウェイへの制裁問題とは、安全保障上で脅威がある外国企業の通信機器の使用を禁止し、事実上ファーウェイをアメリカから閉め出したものだった。

ところが、またしてもというべきか、トランプは拳を高く振り上げておいて、それがポーズだということを露見させる。8月1日の関税措置の発表から2週間もたたない8月13日、ほぼすべての中国製品に関税を広げるとした強気な姿勢を崩し、スマートフォンやノートパソコン、玩具などの特定品目への追加関税の発動を12月15日に先送りすると発表する。

その言い訳が笑える。追加関税を一部先送りする理由についてトランプは次のように語ったのだ。

「クリスマスシーズンのためにやる。万が一にも関税の一部がアメリカの消費者に与えうる影響を考えた」

アメリカの消費者に与える影響など、追加関税を発表する前から分かっていたことだ。それなのにトランプはさも国民のためだというような言い方でアメリカ国民の目をごまかそうとしたのだ。

中国はそんなトランプの脅しのテクニックを完全に見抜いている。アメリカの第4弾の追加関税措置に報復するために、8月23日、750億ドル相当のアメリカ製品に対して追加関税を課すと発表した。しかも、アメリカに呼応する形で、追加関税の一部は9月1日から発動され、残りは12月15日からとした。これで中国もアメリカからの輸入品すべてに追加関税を拡大することになる。中国はアメリカの脅しには一歩も引かないという姿勢をまったく変えなかった。

これを受けてトランプ大統領はツイッターでまくし立てた。

「アメリカは中国を必要としていない。いない方がはるかにましだ」

トランプはこれまで第3弾に至って課してきた対象品目に対する追加関税を10月1日より25%から30%に引き上げると表明し、合わせて第4弾の追加関税についても、当初予定の10%から15%に引き上げるとした。

しかし、やはりというべきか、9月11日になるとトランプは、10月1日に25%から30%に引き上げる予定だった追加関税を10月15日に延期するとツイートした。

その理由は「中国の劉鶴《りゅうかく》副首相の要請や、同国が10月1日に建国70年を祝うことを踏まえ、善意の意思表示として追加関税率引き上げを10月15日に変更することに同意した」としている。

トランプは「善意の意思表示」などという言葉を使って、さも中国に恩を売ろうとしているかのように見えるが、結局は中国になんとしても譲歩してもらいたくて仕方がないのだ。

## 制裁関税で一番困るのはアメリカ国民

じつはトランプは、このまま米中貿易戦争を激化させてもアメリカに勝ち目がないということが分かっている。

形の上では拳を振り上げて制裁と報復を繰り返し、強がっているが、それはアメリカ大統領再選を意識した、アメリカ国民に対するポーズに過ぎない。何よりもこのまま米中貿易戦争を激化させると、一番困るのはそのアメリカ国民に他ならない。

中国も困るのではないかと思う人がいるだろうが、アメリカほどには困らない。

なぜなら、アメリカは中国に対して第1弾から第3弾に至って中国からの総輸入の約50%にあたる計2500億ドル相当の品目に追加関税を課しているが、その輸入の総額は中国の

## 激突！　トランプVS習近平
## 「米中貿易戦争」で世界経済が悪化

2017年、初めて中国を訪問したトランプ大統領を歓迎する習近平国家主席。当初は友好的なムードだったが、2018年以降、加熱する貿易摩擦を受けて両首脳がお互いに一歩も譲らず、現在、報復関税の応酬を繰り広げている。このまま貿易戦争が激化すれば、両国の経済的損失のみならず、世界経済の悪化も懸念される。

（出所）whitehouse.gov より

輸出全体から見ると、たったの８％に過ぎないからだ。つまり、極端なことをいえば、アメリカが中国からの輸入をすべて止めたとしても、中国からすれば、アメリカ以外の国に自国製品を売っているので、さして困らないということだ。

それに対してアメリカにとっての中国は、輸入総額の約20％を占める最大の輸入相手国である。もしも中国からのほぼすべての輸入品に第４弾の追加関税が発動されれば、アメリカの輸入品全体の約20％に追加関税が課せられるということである。そうなれば、単純に考えて、輸入品の約20％が値上がりすることになる。アメリカの小売業の店頭に並ぶ商品も一気に値上がりするだろう。アメリカの個人消費に影響が出てくるのは必至だ。

それならば、アメリカ産のものだけを買えば問題がないと思うかもしれないが、そう単純にはいかない。例えばパソコン一つをとっても、その部品にはアメリカで作られているものは少なく、中国や他の国で作られたものを使用している。そもそもパソコン自体もアメリカで組み立てられているものは少ない。農作物以外で純粋にアメリカ産だというものを探すこと自体、難しいといえるのが実情なのだ。それゆえに最大の輸入相手国である中国に対して、そのすべての輸入品に関税を強化すれば、その他の製品にも影響を及ぼすことはどうしても避けられない。

アメリカ金融大手ＪＰモルガン・チェースが「追加関税の影響からアメリカの一般家庭に

おいて年間で1000ドル以上も出費が増えた」と試算しているほどだ。

要するに、トランプ政権が高率の関税を課すことによってもっとも困るのは、中国の輸出業ではなく、アメリカ国民だということである。

## 貿易戦争の激化で世界経済に悪影響

このまま米中貿易戦争が激化すれば、世界経済への影響も避けて通れないだろう。IMF（国際通貨基金）は両国の貿易戦争が深刻になれば、アメリカの経済成長率は最大0・6ポイント、中国も同1・5ポイント下振れすると早くから警告していた。それでも沈静化しない米中貿易戦争の緊張の高まりを受けて、IMFは2019年9月、2020年の世界経済成長率の見通しを0・5ポイントから0・8ポイントへと下方修正したほどである。

実際、2019年5月13日にアメリカが第4弾の追加関税措置を発表したとたん、世界の株式市場で株安となった。アメリカ金融サービスのMSCI（モルガン・スタンレー・キャピタル・インターナショナル）が算出、公表している世界株価指数の1日の下げ率は年初来最大となり、中国人民元も2018年12月以来の安値をつけた。アメリカの株価も急落し、ダウ平均株価は一時700ドル以上も値下がりした。

GDP世界第1位のアメリカと第2位の中国がお互いに報復関税の応酬を繰り返せば、両国の経済が停滞し、世界経済に影響を与えるのは当然のことである。

今や世界の経済は一国だけでどうこうするようなレベルではなく、日本を含めて世界規模で、いわゆるサプライチェーン（供給網）を築いており、各国の生産拠点が停滞することで全世界の経済に影響を与えてしまう。だから、米中貿易戦争の激化は世界経済をも巻き込んでしまうのだ。

それだけに、このままでは世界経済がリーマンショック以上に暴落してしまう可能性も大きい。すでに国際貿易はリーマンショック以来の冷え込みを見せているとする試算もあるほどだ。

そうなると、一番困るのは、やはりアメリカだ。

中国では、2019年1月から4月までの中国製造業に対する海外からの直接投資の額が前年同月比で11・4％の伸びを示している。つまり、アメリカが中国製品への関税を引き上げた後でも、海外企業は中国国内から撤退する気配はないということであり、中国に投資をすれば依然として儲かると世界は見ている。

これに対してアメリカでは、トランプが中国に対する貿易赤字を解消しようと経済制裁をちらつかせた2017年度に、すでにアメリカに対する海外からの直接投資の額が前年比で

38％も暴落していた。海外企業がアメリカ国内から次々と撤退していたのだ。

これではトランプがいくら強がってもアメリカの景気が良くなるわけはない。それは税収にも反映し、２０１８年10月にアメリカ財務省が発表した２０１８会計年度（２０１７年10月〜２０１８年９月）の財政赤字は前年比で17％も増加して７７９０億ドルとなった。

アメリカ議会予算局（ＣＢＯ）によると、「２０１９年度も歳出が歳入を９５９９億ドル上回り、２０２０年度には財政赤字がついに１兆ドルを超える見込み」だという。

アメリカは今、もはや倒産の危機にあるということなのだ。

## 拡大していくアメリカの貿易赤字

アメリカは何も中国とだけ貿易戦争を繰り広げているわけではない。

アメリカはなんと世界の１０２カ国に対して貿易赤字を抱えている。トランプは貿易赤字を解消するために、すべての国に対して報復関税という武器をちらつかせながらアメリカ製品を押し売りしようとしているのが実状だ。

もちろん、そこには日本も含まれている。２０１９年９月25日、トランプと日本の安倍晋三首相がニューヨークで日米貿易協定に合意したと発表した。安倍は「この協定は両国にとって、ウィンウィンの合意となりました」と胸を張ってみせたが、はたして本当にそうなのか、吟味してみる必要がある。

合意した内容を見ると、日本は相変わらずのお人好しぶりを発揮しているとしか思えない。トランプは日本車への関税を最大25%引き上げるという脅しを使って、アメリカがもっとも日本に売りたいと思っている牛肉と豚肉、小麦などに課していた日本の関税を引き下げることに成功した。つまりはアメリカの牛肉や豚肉などを日本に売り付けることに成功したのだ。

その前の8月25日、フランスで開催されたG7サミット（主要7カ国首脳会議）の合間に行われた日米首脳会談で、安倍はトランプの要請を受け、アメリカ産の飼料用トウモロコシを購入することを約束した。首脳会談後の記者会見でトランプが嬉々としてその約束を明かしたのだ。そのトウモロコシは中国が米中貿易交渉の過程でアメリカから買う予定になっていたもので、中国が購入しないままになっていたのを日本が肩代わりして購入するのだという。しかも、日本にとってそのトウモロコシはぜひとも必要だったわけでないのにもかかわらずだ。

トランプが上機嫌だったことはいうまでもない。米中貿易戦争のあおりを受けて、買い手がつかずに余っていたアメリカ産のトウモロコシを日本がすべて買ってくれるのだ。日本はまんまと米中貿易戦争の尻ぬぐいをさせられた格好である。

## 米中貿易戦争のあおりで余った トウモロコシを日本に売り付ける

2019年5月、来日したトランプ大統領は安倍首相と大相撲を観戦。2人の関係が良好な裏には、安倍のトランプへの一貫した追従がある。安倍は、日米貿易協定で米国産の牛肉や小麦などの関税を下げ、さらに米中貿易戦争で余ったトウモロコシまで購入。2020年の大統領選挙で農業票を獲得したいトランプのご機嫌をとったのだ。

（出所）ドナルド・トランプ大統領のTwitterより

しかし、世界は日本のようなお人好しばかりではない。

２０１７年1月、ＴＰＰ（環太平洋経済連携協定）を離脱して、２国間貿易の合意を目指すとしたトランプは、いつもの脅しの手口を使って、メキシコやカナダ、ＥＵ（欧州連合）などからの輸入品に追加関税を課して、個別に自国製品を売り込もうとした。これに対してカナダは１６６億カナダドル相当のアメリカ製品に関税をかける報復措置で対抗し、メキシコもアメリカ産の鉄鋼や豚肉、チーズなどに最大25％の関税をかけ、ＥＵも28億ユーロ相当のアメリカ製品に25％の報復関税を課した。トランプ流の脅しに簡単に屈するほど国際社会は甘くはないのだ。

これに対してトランプは、中国との貿易戦争がうまくいっていないこともあり、メキシコに対して輸入品すべてに5％の追加関税を課すと表明したり、インドをＧＳＰ（一般特恵関税制度）の適用から除外するという大統領布告を出したりして、なんとか各国との貿易赤字を解消しようと躍起になっている。

しかし、アメリカの貿易赤字はいっこうに減らない。

２０１９年3月にアメリカ商務省が発表した２０１８年度の貿易赤字も全体で前年比10・4％増の８７８７億２０００ドル（約98兆４０００億円）と過去最大を記録している。また、7月に発表された5月までのアメリカ貿易統計の速報値を見ても、前年同期比で対中貿易赤字は縮小したが、中国以外からの輸入増加により全体の貿易赤字は3425億ドルと2・5％も拡大した。つまり、貿易赤字は増加の傾向にさえあるのだ。

## ドルが基軸通貨である限り貿易赤字は減らない

トランプがどんなに強気で拳を振り上げても貿易赤字が減らないのは、いくつかの理由がある。

その理由の一つは、アメリカの貯蓄率が低すぎるからだと経済学者たちは説明している。ここでいう「貯蓄率が低すぎる」とは「消費性向が高い」ということで、アメリカ人は国内で生産する以上にモノを消費しており、不足分を外国から輸入して補うために貿易赤字が拡大しているという。

確かにそういう面もあるだろうが、アメリカ人の消費性向というよりは、アメリカ製品が割高なので、より値段の安い輸入品を購入しているからだともいえる。

それでは、なぜアメリカ製品が輸入品に比べて割高かというと、ドルが他の通貨と比べて高すぎるために、コスト競争力がないからだ。

本来、貿易赤字になると、自国の通貨が他国の通貨と比べて安くなり、そのことによって自国製品のコスト競争力が上がり、他国に比べてより値段が安い製品を作ることが可能となる。そのことによって輸出が増えるので、貿易赤字は解消していく。

ところが、アメリカに関しては自国の通貨であるドルが安くならない。

それはドルが国際基軸通貨であり、世界中の輸出入取引で利用されているからに他ならない。

ドルがどのくらい世界で利用されているかというと、世界の貿易の70％がドルに連動している。この70％の連動がすべてアメリカ一国の貿易によるものならば、まだ問題はないが、アメリカの国としての貿易は世界から見ると10％のシェアしかない。つまり、世界各国の貿易の70％が自国の通貨ではなく、なんらかの形でドルを使用しており、ドルを使ってモノを買ったり売ったりしているということである。

このことは何を意味するかというと、世界を相手に貿易をするなら、自国通貨を持っているよりもドルを稼いで懐に持っておいた方が支払いに便利であり、安心確実だということである。

例えば、A国がB国にモノを売ろうとしたとき、その決算をドルで行うとすると、B国はA国に代金を支払うためのドルを持っている必要がある。このとき、ドルを持つための一番手っ取り早い方法は、アメリカと貿易をしてドルを稼ぐことである。多くの国はドルを手に入れるためになんとかアメリカに対して貿易黒字を達成しようとする。

結局、ドルが基軸通貨である限り、アメリカは貿易赤字にならざるを得ないという構図がここにある。アメリカはトランプがどんなに脅しの交渉術を使ったとしても、貿易赤字を解消することはできないのだ。

## アメリカは保護貿易で世界から孤立する

先に述べたとおり、貿易赤字を解消するためには自国の通貨が他国の通貨に比べて安くなることが必要だ。しかし、ドルが基軸通貨である限り、ドルは決して安くならない。世界の多くの国がドルを使って取引をしているのだから、ドルが安くなればそれだけで儲けが少なくなるので、なんとかドル高は維持しようという動きになるのは当然のことだ。

しかし、それはアメリカにとって決して有利なことではない。ドル高のためにアメリカ国内ではコストがかかるので、人件費の安い外国などに製造業は逃げていく。いわゆる産業空洞化である。トランプが大統領に当選する原動力となった東部から中西部に広がる「ラストベルト(さび付いた工業地帯)」では、自動車産業などの重工業が衰退の一途をたどっている。かつて隆盛を誇った重工業地帯の衰退と貧困にあえぐ労働者の惨状こそ、まさに産業空洞化の象徴である。

そんな産業空洞化が続く中で、構造的な改革がないまま、トランプ政権がいくら各国の製品に対する関税率を引き上げても、アメリカ経済にとって何もいいことはない。下手をすれば物価が上昇し、インフレになってアメリカ国民がさらに貧しくなってしまうだけだ。

そもそも産業空洞化が進んだアメリカに貿易赤字を解消できるような、世界各国が欲しがるような製品があるのだろうか。せいぜいトウモロコシなどの農産物や武器、石油ぐらいしかない。これから新しい輸出製品を作ろうとしても時間がかかり過ぎるだろう。これでは貿易赤字は解消されるわけがない。

それは企業側も充分に分かっている。2019年5月、アメリカへの輸入車の増加を「国家安全保障上の脅威」などと指摘したトランプの声明に対して、トヨタ自動車のアメリカ法人が「アメリカの消費者と労働者、自動車産業にとって大きな後退」と反論した。同社は60年以上にわたり工場や販売店で50万人近い雇用を生んでいる実績を訴えた上で、「輸入車の規制は逆効果だ」と主張している。

まったくそのとおりである。トランプが自国の雇用と製品を守るために輸入品に規制を加えることは、保護貿易以外の何ものでもない。しかし、保護貿易政策をとると国が衰退することは歴史が証明している。

第2次世界大戦前、南米のアルゼンチンは世界で十指に入る裕福な国だった。しかし、その後に保護貿易政策をとった結果、1人当たりのGDPが第三世界レベルにまで転落した。トランプ政権がこのまま保護主義による貿易戦争を続行すれば、アメリカは長期にわたる経済停滞に陥り、最終的には世界経済から完全に孤立するだろう。

結局、アメリカは中国との貿易戦争に勝てるわけがないのだ。

## 貿易戦争の背景にある「世界覇権戦争」

アメリカは、自国通貨であるドルが国際基軸通貨である限り他国の通貨に比べて高いので、人件費を含めて国内で割安な製品を作ることができない。それゆえに貿易競争に負け、割安な外国製品を輸入するしかないので、貿易赤字は膨らむことになる。

それならば、アメリカは自国通貨であるドルを国際基軸通貨にしなければいいと思うかもしれない。確かに世界の貿易を国連ドルのようなもので決算できれば、それに越したことはない。しかし、そうはさせない勢力がある。それが、私が「ハザールマフィア」と呼んでいる人間たちだ。

じつは、ドルを基軸通貨に仕立て上げたのも彼らである。その詳細は次章以降で述べていくが、簡単にいえば、彼らは全世界の原油価格をドル建てでしか決定できなくし、あわせてドルでしか取引できなくしたために、世界各国は石油を買うためにドルが必要になった。これを「石油本位制ドル」と呼ぶ。

また、彼らは石油を独占し、各国の中央銀行をも私物化してきた。それゆえに、あの手この手を使ってドルを他国の通貨と比べて高いままにし、利益を損なわないようにしてきた。アメリカからすればドルが安い方が自国のためになるのだが、彼らハザールマフィアは自分たちの利益のためにドル高を維持してきたのだ。

しかし、ここに来て彼らハザールマフィアの支配から脱却しようという動きが出てきた。その先頭に立っているのが中国である。

中国は自国の通貨である人民元をドルに代わって基軸通貨にしようと虎視眈々と狙っている。２０１６年10月には人民元が国際通貨基金（ＩＭＦ）の特別引き出し権（ＳＤＲ）の構成通貨に加わった。すでにＳＤＲに採用されているドルやユーロ、英ポンド、日本円と肩を並べたことになる。ＳＤＲとは基軸通貨であるドルを補完できる通貨のことで、早い話が「ドルがなければ人民元でも決済ができる」ということである。

さらに、中国は２０１７年にアメリカを抜いて世界最大の原油輸入国となり、石油の利益を独占してきた国際石油財閥や金融資本家たちで構成されているハザールマフィアにくさびを打ち込んだ。その上で、中国は「一帯一路」を構築しようとしている。

一帯一路とは中国が提唱している経済圏構想のことで、アジアから中東、アフリカ東岸、ヨーロッパまでをも含み、その経済圏での貿易決算をドルではなく人民元にしようという狙いがある。これなどはまさに人民元を基軸通貨にしようとする中国の策略に他ならない。

実際問題として、世界の人口の約60％がアジアに住んでおり、世界のＧＤＰに占めるアジアの割合も近い将来に50％を越えるだろうと予想されている。ＢＲＩＣＳ（ブラジル、ロシア、インド、中国、南アフリカの５カ国の総称）のＧＤＰだけを見ても、すでにヨーロッパとアメリカの合計を超えている。

そのような背景の中、世界の輸出のうち中国の占める割合は、２０１７年に約13％に達して世界第1位となり、輸入についても約10％で世界第2位となっている。

つまり、中国はほとんどの国にとって大きな貿易国となっており、これまでのようにアメリカを中心としたハザールマフィアの勢力が握っていた世界覇権の地位を脅かすまでになっているのだ。

米中貿易戦争の背景にあるのは、このような世界覇権をめぐるハザールマフィアとの戦いであり、ハザールマフィアを世界権力の中枢から排除するために仕掛けた国際的な共同キャンペーンの一つであると思った方が分かりやすい。

## 中国は貿易戦争に突入する準備を進めていた

何度もいうようだが、米中貿易戦争でのアメリカの敗北は目に見えている。トランプがどんなに追加関税をかけると息巻いても、結局はアメリカの国民を苦しめるだけだからだ。それでもトランプ政権が貿易戦争をやめようとしないのは、世界覇権をめぐる戦いがあるからに他ならない。

中国が2019年5月に突如としてそれまでの合意を白紙に戻す形でアメリカとの貿易戦争に突入したのは、ハザールマフィアを排除したいと思っているアメリカ軍やイギリス連邦、アジアの結社、ロシア政府などと中国が手を結んだからこそともいえる。

先に述べたとおり、慌てたアメリカ政府はすぐに中国に対する追加関税の第4弾として3000億ドル相当の中国製品に最大25%の関税を課すことを表明した。そればかりではない。技術の中国への流出阻止にも躍起になり、中国のファーウェイと関連70社に制裁をかけ、それらの企業がアメリカ政府の許可なくアメリカ企業からハイテク部品などを調達することを禁止したのだ。

しかし、中国にすればそれは想定内のことだった。

## 中国が新たに構築する
## 現代版シルクロード「一帯一路」

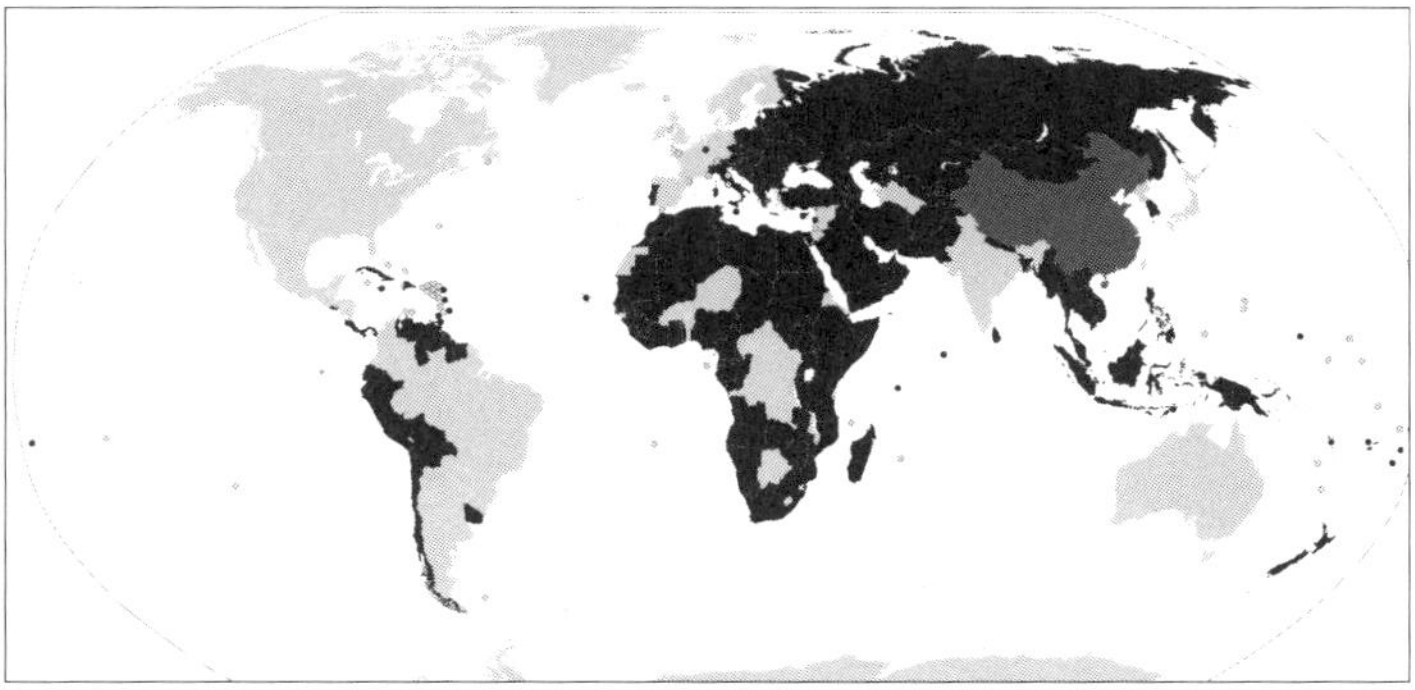

2017年、中国の北京で開催された「一帯一路」の首脳会議には130カ国以上が参加（上段、写真）。陸路「シルクロード経済ベルト」と海路「21世紀海上シルクロード」からなり、経済規模は1兆ドルに及ぶとされる。参加国は、2015年の60カ国から、2019年現在で123カ国に増えている（下段、地図上で黒色で表示した国が一帯一路の参加国）。

（出所）写真／ロシア政府公式HPより

ファーウェイは遅くとも２０１８年ごろから、こうした事態を見越して部品を蓄え、それと同時に半導体の自社生産を計画してきた。通信技術だけでなく他の分野でも、中国はアメリカ政府の制裁措置に備えて体制を整えてきた。アジアの結社筋によると、その準備が整ったからこそ、中国政府はこのタイミングでアメリカとの貿易戦争に踏み切ったのだという。

しかしながら、ハザールマフィアの支配下にあるアメリカと日本のマスコミは、いまだに「アメリカ経済は中国経済よりもまだまだ大きいので、アメリカの方が立場は強い」という論調で嘘を垂れ流している。その嘘にだまされている日本人も多い。

しかし、購買力平価（同じ商品やサービスを自国通貨でどれだけ購買できるかということを他国と比べたもの）を基準にしたＧＤＰで比較すると、２０１４年ごろから中国はすでにアメリカを追い抜いており、２０２０年には中国のＧＤＰが30兆ドルに迫る勢いなのに対して、アメリカのＧＤＰは22兆ドルほどだと試算されている。つまり、その国の経済の大きさを表すＧＤＰを見ても、中国はすでにアメリカを越えており、今後ますます引き離しそうだというのである。

しかも現在、アメリカの債務残高は22兆ドル（約２４００兆円）を超え、過去最高を更新している。さらに、年金や医療などで将来支出が見込まれる社会保障費の不足分を含めれば、２００兆ドル以上に膨れ上がると推定される。

債務とは借金のことに他ならない。それに対して、中国は世界最大級の対米債権国である。つまり、アメリカに莫大な金を貸している国である。

アメリカは財政赤字を補完するために国債を発行しているが、それを買っているのも中国である。20世紀後半、アメリカ国債の最大保有国は日本だった。２０００年代に入ると中国の保有数が急速に伸び始め、２００８年には日本を抜いて中国が1位となった。アメリカ財務省によると、中国は２０１３年のピーク時に1兆３２００億ドルもアメリカ国債を保有し、それ以降減少してきたが、それでも２０１９年7月末での保有高は1兆１１００億ドルで、世界第2位となっている（日本は1兆１２００億ドルで第1位）。

つまり、中国はアメリカの財政赤字を穴埋めするためにアメリカ国債を買い支えてきた。しかし保有額を下げていることからも分かるとおり、中国はこれ以上、アメリカの財政赤字を助ける気はない。

それどころか、保有しているアメリカ国債を中国が売りに出せば、その金額が大きいだけに、アメリカ国債市場だけでなく他の市場も大混乱することだろう。今のところ、中国にアメリカ国債を大量に売るような動きはないが、今後は予断を許さない。別の言い方をすれば、中国はアメリカ国債の大量売却というカードを持っているということだ。

これに対してアメリカは、貿易で有利になるように意図的に通貨を切り下げているとして、中国を「為替操作国」に指定するなど必死に揺さぶりをかけてはいるが、アメリカの立場は極めて弱い。

もしも今、世界の国々に対して「アメリカか中国か、どちらかを選べ」と選択を迫れば、当然、答えは決まっている。それは、一帯一路の参加国を表した地図を見れば一目瞭然だろう。まだ一帯一路への参加を表明していないイギリスやドイツ、フランスなどの欧州諸国もいつ中国に寝返るか分からない。

米中貿易戦争はすでに決着がついている。中国は周到な準備を進めた上で貿易戦争を仕掛けてきたのであり、それはこれまで世界を牛耳ってきたハザールマフィアを追放するための方策の一つとして捉えるべきだ。

それに対して、アメリカは倒産するしか道はない。それでもなんとか持ちこたえているのは、ハザールマフィアがあがいているからに他ならない。それがまた現在の米中貿易戦争をこじらせている原因でもある。

しかし、ハザールマフィアの崩壊は近い。その上で新しい国際システムが再構築されることになるだろう。

# 第2章

# 「アメリカ倒産」で大混乱する世界経済

## 「借金超大国」アメリカが崩壊する日

## 「財政赤字1兆ドル」アメリカはすでに倒産

英語に「the elephant in the living room（リビングにいる象）」という表現がある。明らかにみんなが気づいていながら誰も触れようとしない話題、もしくは先送りにして、見て見ぬふりをしている重大な問題などに対して使われる。

この「リビングの象」という表現にぴったりと当てはまるのがアメリカの倒産だ。世界はすでにアメリカが倒産寸前、または倒産している状態であるということを知っている。それにもかかわらず、見て見ぬふりをしてきた。

前章で触れたとおり、アメリカの財政赤字は悪化の一途をたどっている。アメリカ議会予算局（CBO）によると、2020年度には財政赤字が1兆ドルを超える見込みだという。日本円にして約110兆円もの赤字である。2019年度の日本の国家予算が約100兆円だから、アメリカは1年で丸々日本の国家予算分の赤字を出しているということである。その規模の大きさが分かるだろう。

その赤字を補うべく、アメリカ政府は国債を発行し続けてきた。そして、そのアメリカ国債を買い続けて助けてきた国は中国と日本に他ならない。

中国は2013年には1兆3200億ドルもアメリカ国債を保有し、それをピークとして保有高を減少させてきたとはいえ、2019年7月で1兆1100億ドルもある。それに対して日本は同年6月に約2年ぶりに中国を抜いて第1位となった。その額は1兆1200億ドルで、2016年10月以来約3年ぶりの高水準になっている。中国と日本のアメリカ国債保有高は他の国を大きく引き離しているのが現状だ。

とはいえ中国は、貿易戦争の報復としてアメリカ国債を売却するような動きは見せないにしても、年々保有高を減少させている。すでにアメリカを助ける気はない。お人好しの日本だけが必死になってアメリカ国債を買い支えているのだ。

ちなみに、アメリカ財務省が2019年7月に発表した同年5月の対米証券投資統計によると、イギリスがアメリカ国債の保有高で8年ぶりの高水準を記録したという。日本の他にイギリスも懸命にアメリカ国債を買っているように見える。しかし、イギリスは近年、膨大な対外赤字を計上しているため、実際にはイギリス経由でアメリカ財務省が買っている可能性が高い。逆にいえば、アメリカはそこまでして自国の財政赤字をなんとかしのぎきろうとしているともいえる。

しかし全般的に見ると、各国の中央銀行や政府ファンドは2019年7月にようやくアメリカ国債を買い越したが、それまでは10カ月連続でアメリカ国債を売り越していた。つまり、なかなかアメリカ国債を買ってくれる国がないということである。国債を買ってくれなければ財政赤字を穴埋めすることができない。アメリカの財政赤字はますます悪化の道をたどることになる。

## 債務残高22兆ドルの「借金超大国」アメリカ

国債を売ることで一時的に財政赤字を補填できたとしても、それは一時しのぎでしかない。国債は償還期限が来たら利息を付けて元本を返金しなければならない。もしも償還期限に支払うことができないとなれば、デフォルト（債務不履行）と呼ばれ、国家としての信頼を失うだけでなく、国家として倒産したことを世界に宣言したことになる。

そうならないように国家はできるだけ財政を健全化させる必要がある。ところが、アメリカは年間1兆ドルを越える財政赤字を抱えているばかりでなく、政府の公的債務残高、つまり国としての借金が２０１９年2月12日までに22兆ドル（約２４００兆円）を突破し、過去最高を更新している。まさにアメリカはデフォルト寸前に陥っているといってもいい。

その上、法人税率を大幅に引き下げる抜本的な財政改革をトランプ大統領が断行したために税収が減少し、それを補うために、さらに国債を発行しなければならない状態に追い込まれている。それは国債発行という新たな借金を重ねることに他ならない。まさに負のスパイラルだ。

2019年7月22日、債務上限（法律で定めたアメリカ政府の借入限度額）の適用を2年間停止することで共和、民主両党が合意したとトランプが発表した。「これ以上国は借金できませんよ」という限度額をなくすことによって、さらなる借金を可能にするというものだ。この措置は9月に迫るアメリカ国債の償還期限にあわせて、「アメリカは返済するお金がないので、さらなる借金をしてお金を返しますよ」と言っているに過ぎない。

これによりアメリカは、とりあえずはデフォルトを避けることができたが、根本的な解決になっていないのは当然のことだろう。アメリカは単にあの手この手を使ってデフォルトを必死に回避しているだけなのだ。共和党と民主党が議会で対立したり和解したりという騒動を繰り返しているのも、お金がないという事実をごまかすための茶番劇だといっていい。

アメリカ国債の償還期限などの対外支払い期日は、例年9月末と1月末にやってくる。ちなみに2019年の1月にアメリカで何が起こったかといえば、35日間にも及ぶ政府機能の一部の閉鎖と公務員給与の振り込み停止だった。これは違法移民を防ぐためにメキシコとの国境に壁を建設しようとするトランプと、その建設費用を政府予算に含めないとする野党民主党との対立によって引き起こされたものだが、その背景にあるのは、資金の枯渇だ。つまり、国債の償還にお金が必要なために、公務員への給与が足りなくなったのだ。トランプはメキシコとの国境に壁を作ることに民主党が反対していると難癖をつけ、国民や海外からの目をごまかそうとした。まさに茶番劇である。このときはなんとか資金を調達でき、デフォルトを回避することができたが、アメリカはこのような綱渡りを幾度となく繰り返している。

しかし、それもそろそろ限界に近づきつつある。このまま借金の限度額である債務上限を引き上げても、今の状況が変わらなければ2024年までにはすべての借入金を借金の利子返済に充てることになるという試算もあるほどだ。つまり、借金の返済のためにその全額を借金しなければならない時期がそう遠くない日にやってくるということである。

まさにアメリカの倒産である。

## 株価の上昇は見せかけ！　実体経済はドン底

それでも世界はアメリカの現実に見て見ぬふりをしてきた。まさにリビングにいる象だ。特にアメリカ政府は「景気がいい。株価も最高値を更新している」と呪文のように唱え、マスコミも同調するニュースや記事を報じてきた。確かに、アメリカの代表的な株価指数であるＮＹダウ平均株価で見ると、アメリカの株価は上昇傾向にあり、米中貿易戦争の攻防に一喜一憂しながらも、2019年7月16日にはNYダウ平均株価が最高値を更新した。

ところが、アメリカの株式市場を詳細に分析してみると、2018年4月から連続して外国人投資家がアメリカ株を売却し続け、その総額は過去最高の2160億ドルに達している。つまり、海外の賢い投資家たちはすでにアメリカを見放しているのだ。

それにもかかわらず、株価が最高値の水準を維持しているのは、アメリカの中央銀行の役割を果たしているFRB（連邦準備理事会）と日本のような一部の同盟国が懸命にアメリカの金融市場を支えているからに他ならない。アメリカ国債の保有高も国別では現在、日本が中国を抜いて第1位だが、じつは日本よりも多くアメリカ国債を保有しているのはFRBだ。FRBがアメリカを支えているといってもいい。

株価に目を奪われずにアメリカの実体経済をよくよく見てみると、2019年に入ってから経済活動が急激に低下していることが分かる。それどころか、すでにリーマンショックを超える大不況に突入しているといってもいい。

例えば、景気の先行指数とされるトラックの配送状況拡散指数の見通しが2019年5月に前年比29％減を記録している。史上最悪の数値だ。つまり、アメリカ国内にモノが出回っていないということなのだ。

その他にも自動車や住宅の販売数は減り続けており、製造業の生産高や農家の収入も減少し、小売店の閉店数も増加している。つまり、自動車産業、不動産業、製造業、農業、小売業など、あらゆる業界が最悪な状態にあるのだ。

何よりも市民生活が圧迫されている。クレジットカードを止められた人の数はこの7年間で最多に達し、クレジットカードの支払い延滞件数もこの8年間で最多を記録している。

さらに、アメリカ政府は失業率が改善されていると主張するが、たった数日間働いただけで雇用と見なすなど、データの取り方に細工が施されている。実際はアメリカの労働力人口のうち1億2200万人近くが何の職にも就いていない。これはリーマンショックで不況のどん底だった時期を超える数字だ。しかも、現在50万人以上のアメリカ人がホームレス状態だという。

もはやアメリカの実体経済は破綻している。

## 1%の富裕層と99%の貧困層

このようにアメリカの倒産は避けられない状態にまで近づいている。しかし、前章でも若干触れたことだが、アメリカが40年以上にわたって膨大な対外貿易赤字を抱えながらも平気でいられたのは、「石油ドル体制」のおかげだ。石油ドル体制とは、アメリカの通貨であるドルでしか石油を売買できないと定めたルールのことである。

この石油ドル体制のおかげでドルは国際基軸通貨となり、世界各国はそれを手に入れる必要に迫られ、特に日本や中国、ＥＵなどエネルギー資源の大部分を輸入に頼る国は、石油を購入するためにドルがどうしても必要となった。そこで、ドルを手っ取り早く手にするために、発行元であるアメリカとの貿易を活発化させてきた。

一方、石油を売って巨額のドルを手にした産油国が、お金をアメリカからの輸入やアメリカへの投資などに回すことでドルが循環、還流し、アメリカは潤っていった。

しかし、その結果、アメリカに起こったのは貿易赤字の増大と深刻な経済格差だった。世界各国がアメリカとの貿易を活発化させてドルを稼いでいけばいくほど、アメリカの貿易赤字は増えていき、安い輸入製品に押されて国内産業は衰え、経済は停滞した。ついには財政悪化の末に国債の利子を払えないデフォルト状態に追い込まれるまでになってしまった。

その反面、一部のお金持ちだけがいっそう裕福になり、わずか１％の富裕層がアメリカの資産の約40％を所有しているというデータがあるほどまで格差が拡大した。つまり、わずか１％の富裕層だけがいい思いをして、残りの99％のアメリカ人が貧困にあえぐような状況を作り出していったのだ。

しかし、その現実から目をそらせようとしている人たちがいる。

本来、貿易赤字が進行すると、その国の通貨は他国の通貨に比べて安くなっていくので、人件費などを含めた製造コストが低くなる。その結果、安い製品を作ることができ、輸出も増え、貿易赤字は解消していく。ところが、アメリカはそうならない。それはアメリカの通貨であるドルが石油ドル体制に支えられる基軸通貨であることに加えて、他国の通貨に比べて価値が低くならないように操作している人たちがいるからだ。

それがアメリカの資産の約40％を所有している1％の富裕層をさらに支配している人たちであり、私のいう「ハザールマフィア」だ。

彼らこそが石油ドル体制を築きあげた張本人であり、アメリカだけでなく世界各国の中央銀行をも私物化し、世界の金融システムをコントロールしてきた。極端なことをいえば、彼らは自分たちが儲かれば、アメリカ国民が貧困にあえごうが知ったことではない。だからこそ彼らはアメリカだけでなく世界各国の大衆の目をごまかすためにマスコミを操作するなどして、あらゆる印象操作を行なってきたのだ。

## ロスチャイルドの陰謀「我に通貨発行権を与えよ」

私の著作をこれまで読んでいただいた方はすでにご承知のことだろうが、改めてハザールマフィアが世界を我が物にしていった過程をここで述べておく。ハザールマフィアの歴史を見直すことで、現在の世界情勢も見えてくるからだ。

ハザールマフィアを形作ったのは、近世のロスチャイルド一族とヨーロッパ王室や貴族を中心とする人たちだ。特にロスチャイルド一族の祖であるマイアー・アムシェル・ロスチャイルドは、ドイツ、フランクフルトのユダヤ人移住区（ゲットー）出身のユダヤ人で、古銭商人から身を起こし、18世紀後半には銀行家として成功して、ヨーロッパ貴族の仲間入りをするまでになった立志伝中の人物だ。

彼は貨幣の価値をいち早く見抜き、貨幣を制するものが世界を支配すると考え、次のような言葉も残している。

「我に通貨発行権を与えよ！　さすれば法律など誰が作ろうとかまわない」

その遺志は彼の5人の息子たちに受け継がれていき、それぞれがヨーロッパ各地に事業を展開していった。特に三男のネイサン・メイアー・ロスチャイルドは、フランスとイギリスが戦った「ナポレオン戦争」においてイギリス側に戦費や物資を調達して莫大な利益をあげる。その資産を武器に、戦費調達のために資金が枯渇していたイングランド銀行（イギリスの中央銀行）が発行する銀行券を買い占め、ついには銀行の株式を手にする。これは国有だったイングランド銀行をロスチャイルド一族が乗っ取って民営化してしまったのと同じことであった。これこそがネイサンの父が言った「我に通貨発行権を与えよ」を現実のものにした瞬間だった。ネイサンは中央銀行が持つイギリス通貨の発行権を手にしたのである。

これを糸口として、ロスチャイルド一族は、イングランド銀行をはじめとしたイギリスの金融機関が密集する「シティ」をも支配下に置く。シティとは、もともと14世紀にロンドンの一区画に建造された金融機関のための城塞都市のことであり、有事に備えて、イギリス政府と同格の行政機能が与えられていた。いわば独立した都市国家に近い。ロスチャイルド一族はこのシティを支配下に置くことで、イギリスという国家システムの管理から脱し、イギリス政府から縛られることなく自らが「システム」となり「法」と化した。

その後、世界中に植民地を持つイギリスのシティには国際金融資本が続々と集まり、イギリスの通貨であるポンドが世界の基軸通貨となっていった。ついには、ロスチャイルド一族の支配するイングランド銀行が「世界の銀行」と呼ばれることになり、一族に莫大な利益をもたらすことになっていった。

## ワシントンD.C.と「株式会社アメリカ」の誕生

その一方で、ロスチャイルド一族がイギリスの次に狙いを定めたのが、当時はまだ新興国

## 通貨発行権を手に入れ、国際金融資本の首領となったロスチャイルド一族

ロスチャイルド一族の祖マイアー（上段右）は戦争資金を貸し付けて財を成した。三男のネイサン（上段左）も「ナポレオン戦争」で莫大な利益を上げる。その資産を使ってイングランド銀行（下段）を買収し、通貨発行権を手にする。その結果、現在に至るまで、ロスチャイルド一族は国際金融における絶大な権力を持つにようになった。

家であったアメリカだった。

1861年にアメリカで南北戦争が起こると、ロスチャイルド一族を筆頭とする国際金融貴族（これ以降、本書ではこの勢力を「ロスチャイルド一族」と呼ぶことにする）が戦費を必要としている北軍と南軍それぞれに軍資金を貸し出した。これはネイサンがナポレオン戦争においてイギリスに軍資金を貸し出した構図と同じである。

しかし、よりタチが悪いのは、北軍と南軍の両方に資金を提供したことである。このことにより、北軍と南軍のどちらが勝つにしても損が出ないばかりか、両軍に資金を提供することで戦争をあおることになった。戦争が長びけば長びくほど資金が必要になるので、それだけロスチャイルド一族が儲かるということになる。

結局、南北戦争は4年にも及び、両軍あわせて50万人近くの戦死者を出した。これは今日まで破られることのないアメリカ史上最多の戦死者数である。戦争は北軍の勝利で終わったが、アメリカは疲弊し尽くし、挙げ句の果てには、借金のかたとしてアメリカの資産がロスチャイルド一族に奪われてしまった。

さらに1871年、コロンビア特別区基本法が可決され、政府所在地であるワシントン市を特別区に統合した特別都市「ワシントンD.C.」が誕生する。これはアメリカ国内にありながら、アメリカとは異なる法制度が敷かれた、いわばアメリカに属していない特別区だ。

このような制度はイギリスの金融独立区である「シティ」や、ローマ市内にありながらイタリアには属さない「バチカン」の他にはない。

じつは、このアメリカの政治的特別区「ワシントンD.C.」を誕生させたのもロスチャイルド一族だった。彼らは南北戦争で儲けた莫大な資産を元手に、イギリスの「シティ」を支配下に治めたことで世界経済を牛耳ったのと同じ手法で、新興国家であるアメリカを彼らの「システム」と「法」で支配しようとしたのだ。

ロスチャイルド一族は特別区となったワシントンD.C.に政治家や国家中枢を統括する「株式会社アメリカ(THE UNITED STATES OF AMERICA)」という民間企業を創設する。

これは元々アメリカの自治領であるプエルトリコで法人登記された企業であるが、ワシントンD.C.という特別区に創設したことで、アメリカとは異なる法制度のもと、独立した地位を与えられた上で、アメリカ政府を運営する国家中枢を統括するということを可能にした。つまり、民間企業である「株式会社アメリカ」が独自のルールでアメリカ政府をコントロールするシステムを作りあげてしまったのである。それゆえにアメリカ大統領でさえ、その実態は「株式会社アメリカ」に雇われた社長でしかない。

さらに、企業は株主に対して利益を還元する義務を負う。それは「株式会社アメリカ」も同様で、利益を上げて株主に還元しなければならない。例えば、ワシントンD.C.に本部を置くＩＲＳ（内国歳入庁）は日本の国税庁に該当する機関であるが、ここは完全に「株式会社アメリカ」の一部であり、私の得た情報によると、ＩＲＳに納められた連邦税や州税といった税金は、現在でも国家予算や州予算には計上されず、そのほとんどが「株式会社アメリカ」の株主に渡されているという。

これはどういうことかというと、アメリカ政府を運営する国家中枢を統括する「株式会社アメリカ」は、アメリカ国民のためにあるのではなく、株主のためにあるということだ。

そして、この「株式会社アメリカ」の株主に名を連ねている者たちこそがロスチャイルド一族であり、イギリス王室を中心としたヨーロッパ貴族やロックフェラー一族といった、私のいう「ハザールマフィア」なのだ。

## 民間銀行「ＦＲＢ」に奪われたドル発行権

ロスチャイルド一族の野望はまだまだ終わらない。

アメリカの政治中枢を掌握したロスチャイルド一族は、イギリスの通貨発行権を手に入れたように、アメリカの通貨発行権も手に入れようとする。

１９０７年、アメリカで金融恐慌が発生し、州銀行や地方銀行、証券会社など、多くの金融会社が倒産した。当時はアメリカには中央銀行が存在せず、各州の代表的な民間銀行が独自に「銀兌換《ぎんだかん》」紙幣を発行していた。そこに難癖をつけてきたのが、ロスチャイルド一族が率いる国際金融資本勢力「シティ」だった。世界の銀行といわれた「シティ」が、アメリカの各民間銀行が発行する銀兌換紙幣は信用できないと一方的に引き受けを拒否したのだ。それは、アメリカのお金はただの紙屑であると宣言したのと同じことである。

そこで、アメリカは慌てて自国の通貨を発行する中央銀行の設立を目指すことになる。その後ろ盾になったのは、当時のアメリカ実業界の大物であり黒幕だったJ・P・モルガンやジョン・ロックフェラー、ポール・ウォーバーグたちだった。

彼らの支援を受けて第28代大統領に就任したウッドロウ・ウィルソンは1913年、多くの上院議員が休暇で不在の隙を突いて「オーウェン・グラス法」に署名する。この法律はアメリカを12地区に分割して、それぞれに連邦準備銀行を作り、その上部に連邦準備制度理事会（FRB）を置くという連邦準備制度を成立させるものだった。ここにアメリカの中央銀行の役目を果たすFRBが誕生した。

ただし、12の地区に創設された連邦準備銀行は公的機関ではなく、まったくの民間銀行という位置づけだった。しかも、その株主になれるのは民間の金融業者だけであり、政府は株を持ってはいけないと法律で定められた。つまり、アメリカの中央銀行であるFRBは完全な民間企業であるということである。

なぜ政府管轄の中央銀行にしなかったのかというと、ＦＲＢの説明では、当時のアメリカには金兌換紙幣を発行できるだけの金（ゴールド）がなかったからだとなっている。兌換紙幣というのは金や銀といつでも交換できるという約束の上で発行されるものである。金兌換紙幣の場合は、銀行が金を保有していなければならない理屈になる。そこで、当時のＦＲＢはドル紙幣を発行するために、それに見合っただけの金を保有しなければならないので、大量の金を持っている民間の金融業者に株を売却したのだという。その民間の金融業者こそが当時「世界の銀行」といわれた、ロスチャイルド一族が率いる「シティ」勢力だったことはいうまでもない。

こうしてロスチャイルド一族は、アメリカの通貨発行権を実質的に得た。アメリカ国民からすれば、自国の通貨がロスチャイルド一族に奪われた瞬間だった。

オーウェン・グラス法に署名したウィルソン大統領は晩年、連邦準備制度を設立させたことを大いに悔やんで、次のように嘆いたという。

「私はうっかりして、この国を駄目にしてしまった。この偉大な産業国家は、金融制度に支配されてしまった。この国の成長と私たちのすべての活動は、ほんのわずかな人たちの手の中にある。私たちは文明開化した政治的なこの世界において、ほとんど完全に管理された最悪の統治の国に成り下がってしまったのである」

しかし、いくら悔やんでももう遅い。アメリカはロスチャイルド一族を代表とするハザールマフィアに乗っ取られてしまったのだ。

## ドルを刷れば刷るほど儲かる錬金術

さらに、ロスチャイルド一族は、ドルに対して実に巧妙な仕掛けを施してきた。

通貨発行権を奪われたアメリカ政府は勝手にドルを刷ることができない。そこで、政府は財務に必要な金額にあわせて国債を発行し、ＦＲＢがその国債と引き換えにドルを発行することになった。つまり、アメリカ政府はＦＲＢに国債という借金をしてドルを得るという形をとることにしたのだ。

試しにドル紙幣を見ていただきたい。そこには「紙幣」を意味する「ＢＩＬＬ」という文字はなく、「証書」を意味する「ＮＯＴＥ」という文字が書かれている。ドル紙幣はあくまでも国債という借金に対する「借用証書」だということである。

こうなると政府は当然、ＦＲＢに対して借金をしたのだから利子を付けて返済をしなければならなくなる。ドルを刷れば刷るほど返済額が膨らむという構図である。その利率を単純に年1～3％としても、その額はたいへんなものになる。近年の発行数を考えると、その額は毎年約4000億ドル、日本円にして約40兆円にも及ぶことになる。それがＦＲＢの利益であり、その利益は当然、ＦＲＢの株主たちに配当されることになるのだ。

ドル紙幣を刷れば刷るほど、ＦＲＢの株主であるロスチャイルド一族が儲かることになるとは、なんとも巧妙で、かつ驚きの事実である。

しかも、ＦＲＢに借金を返すのはアメリカ国民に他ならない。アメリカ国民が汗水流して働いた末に納めた税金で返すのだから、借金が増えれば増えるほど国民の生活が苦しく貧しくなっていくことになる。まさに借金奴隷制度だ。

しかし、ロスチャイルド一族をはじめとするハザールマフィアの連中は、自分たちが儲かりさえすれば、アメリカ国民が苦しもうが知ったことではないのである。

## 「金本位制ドル」の確立で国際基軸通貨へ

アメリカ国債を担保としているドルは、毎年払わなければならない金利の分だけ価値が下がっていくことになる。10ドルの価値があるように見えて、その中から1ドルを返済に回さなければならないので、実際には9ドルの価値しかない。

しかし、ドルの価値が目減りしないために、ハザールマフィアはさらなる手を打ってきた。FRBが発行するドルは金兌換紙幣であると説明したが、それは紙幣を銀行に持っていくと、同じ価値の金（ゴールド）に替えてくれるということでもある。

それゆえに、FRBはドルを発行するために、その裏付けとなる金を保有する必要があった。その金を調達するために、FRBはロスチャイルド一族の支配する「シティ」勢力を株主にせざるを得なかった。さらに、1929年の世界恐慌の際にはドルの価値を保つために、アメリカは大量の金を保有しているアジアの王族から借りた。その後、第2次世界大戦が勃発し、世界中が戦争で疲弊するなか、本土が戦地とならなかったアメリカは戦争特需によって莫大な利益を得て、金の保有額を増やしていった。

1944年7月、アメリカのニューハンプシャー州にあるブレトンウッズで連合国の通貨金融会議が開催された。これは第2次世界大戦の終結と戦後の復興を見すえて、貿易を円滑にするための国際ルールを決めようというものである。

この会議で金1オンスを35ドルにするという固定相場制が決定される。

今後、世界の貿易は金1オンス＝35ドルいう相場を基準にして取引しましょうということであり、このことによって各国の通貨はドルを基準にしてその交換比率が決められたということである。これがドルが国際基軸通貨になった瞬間である。これを「金本位制ドル」という。

もちろん、このような決定が下されたのは第2次世界大戦で世界中の国が疲弊したなか、アメリカだけが圧倒的な経済力を持っていたからだ。それこそ当時のアメリカは、世界のGDPの5割を占めていた。そして、その背後にいたのは、アメリカの通貨発行権を握っているFRBを支配するロスチャイルド一族だったことはいうまでもない。

この国際会議で締結された「ブレトンウッズ協定」によって、これ以降、国際決済は基軸通貨のドルで行われることになり、世界中の国がドルを必要とすることになった。この協定の締結以来、ドルの需要は増え、アメリカがどんなに刷り続けようとも、その価値は維持されることになったのである。

## ニクソンショックを経て「石油本位制ドル」へ

しかし、「金本位制ドル」はそう長くは続かなかった。アメリカがベトナム戦争に突入し、国内経済も疲弊して、ドルの価値が急激に低下していったからだ。不安を覚えたイギリスやフランスを中心とした世界各国がアメリカに対してドルと金の交換を求めるようになった。その結果、アメリカが保有する金が急激に海外に流出していったのだ。

これに危機感を抱いた第37代大統領リチャード・ニクソンは、1971年、ドルと金の兌換を中止することを電撃的に発表する。いわゆる「ニクソンショック」である。

この一方的な金兌換中止を強行した理由には、アメリカにはドルの価値を裏付ける量の金がすでに存在しなかったから、という疑いがある。しかし、アメリカがそれを認めようとせず、現在に至ってもまだその疑惑は解明されていない。

とにかく、アメリカは「金本位制ドル」を自らの手で捨てたのである。

だからといって、基軸通貨の地位を手放すことはしなかった。

経済力が低下したとはいえGDP世界1位を続けるアメリカは、その経済力と圧倒的な軍事力を背景に、石油を産出している国々に対して圧力をかけ、産油国で構成されるOPEC（石油輸出国機構）との間で「今後の原油価格はドル建てで決定し、ドルで取引しなければならない」という取り決めを結んだ。これによって石油の輸入を必要とする世界各国はドルを手に入れる必要に迫られることになり、ドルが国際基軸通貨の地位を維持したままになった。これこそが「石油本位制ドル」である。

このように産油国に圧力をかけ、支配していった過程には、アメリカの石油市場を独占し、「石油王」とも呼ばれたジョン・ロックフェラーを祖とするロックフェラー一族の暗躍も見逃すことはできない。

ロックフェラー家第3代当主のデイヴィッド・ロックフェラーは第1次オイルショックが

起きた1973年、日米欧三極委員会を発足させ、産油国包囲網を敷いた。「エネルギー資源マフィア」とも称されるロックフェラー一族はロスチャイルド一族と連携し、ハザールマフィアの勢力をより強固なものとしていったのである。

## ケネディが取り戻そうとした「ドル発行権」

ここまでロスチャイルド一族を中心としたハザールマフィアの歴史を述べてきた。これで現在のアメリカが直面する「アメリカ倒産」の問題点がはっきりしたと思う。

ドルが基軸通貨であるために、景気が悪くなっても価値が下がらないのだ。

もしもアメリカが貿易赤字や財政悪化を本気で解消したいのであれば、ドルが基軸通貨であることをやめるか、これまでのドルを捨てて新しいアメリカ通貨を政府が所有する中央銀行で発行すればいいだけのことである。そうすれば、アメリカの自国通貨の需要は一気に減るので、その価値も下がり、他国の通貨との交換比率も下がっていく。そうなれば、人件費も含めてアメリカ国内で製造されるモノは安くなり、国際競争力も高まって輸出品が増える。さらに、物価も下がるので海外からの観光客や外国らの投資も増えていく。アメリカの貿易赤字は削減され、実体経済も強化されて大量の雇用も生まれる。もちろん、ドルが基軸通貨でなくなったり、新しいアメリカ通貨が発行されたりした瞬間には、アメリカに大混乱が生じるだろうが、長い目で見ればアメリカ国民のためにはなる。

ところが、どうしてもドルを基軸通貨の座から下ろしたくない勢力がいる。

ハザールマフィアだ。

なぜならドルが基軸通貨でなくなれば、これまでのように刷り続ける意味がなくなり、FRBの株主であるハザールマフィアに利益が還元されなくなってしまうからだ。

じつは、ハザールマフィアが握っている通貨発行権をFRBから政府に取り戻そうとする動きが過去にあった。民間銀行の集合体であるFRBでなく、連邦政府が運営する真の意味での中央銀行を設立し、ドルに代わる新しいアメリカの通貨を発行しようとした大統領がいたのだ。

その代表が第35代大統領ジョン・F・ケネディだ。

彼はハザールマフィアに反旗を翻し、新しい政府紙幣を発行するために、その裏付けとなる金（ゴールド）まで用意した。その金は当時のインドネシア大統領スカルノが主となって、ハザールマフィアの独善的なやり方に反発を覚えていたアジアの王族を中心とする非同盟諸国から集められたものだった。1962年にスカルノがケネディに金を託した際に調印された秘密文書を私はこの目で実際に見ている。

そして1963年6月4日、FRBが関与しない政府紙幣の発行を命じる大統領行政命令「第11110号」が発令された。そのときの発行量は3億ドル分というテスト的なものだった。しかし、その新しい通貨が発行されてわずか5カ月後の11月23日、ケネディはテキサス州ダラスで暗殺される。

ケネディの死後、発行済みだった新しい通貨はアメリカ財務省の手で速やかに回収されてしまう。

ケネディに手を貸したスカルノも、その3年後の1965年9月、軍事クーデターによって失脚する。そのクーデターにはいまだに多くの謎が残されており、背後にはアメリカのCIA（中央情報局）が関与していたという説が有力だ。スカルノがケネディに託した莫大な金も闇に消え去ってしまった。

ちなみに、アメリカにおいて政府独自の通貨を発行しようとしたもう1人の大統領がいた。第16代大統領のアブラハム・リンカーンだ。彼は南北戦争の費用を調達するためにロスチャイルド一族からお金を借りようとしたが、法外に高い利率を突き付けられたために借り入れを断念し、「グリーンバックス」と称される政府紙幣を発行した。

ところが南北戦争が終結後もグリーンバックスを発行し続けようとした矢先、リンカーンは暗殺されてしまったのだ。

アメリカ政府による政府紙幣を発行しようとしたアメリカ大統領が2人とも暗殺されたのは偶然だろうか。

いや、そこには暗い闇がある。

ケネディ暗殺に関してはさまざまな憶測が流れたが、真の理由は、FRBから通貨発行権を奪おうとしたからなのだ。そのために、FRBの株主であるハザールマフィアから消されたのだ。リンカーンの場合もアメリカの通貨発行権を狙うロスチャイルド一族の魔の手が彼を亡き者にし、その後のFRBの設立につなげていった。アメリカ国民の幸せよりも自分たちの利益を優先するハザールマフィアの非道さは、歴史が証明している。

## 戦争を誘発して原油価格を高騰させる

このように「金本位制ドル」から「石油本位制ドル」へ移行することでドルの基軸通貨の地位を維持してきたハザールマフィアだったが、ここにきて石油本位制ドルそのものが揺らぎ始めてきている。

その理由の一つは、石油の「だぶつき」である。つまり、需要と供給の関係でいうと、石油は現在、需要より供給の方が多くなっているのだ。こうなると買い手が有利になり、石油の値段が下がることになる。石油の値段が下がると、当然、これに連動するドルの価値も下がってしまう。

さらに、産油国に対するハザールマフィアの支配力が低下したことも石油本位制ドルの危機となって現れてきた。これまでハザールマフィアが強い影響力を及ぼしてきたのは主に中東の産油国だったが、ロシアやベネズエラ、イランなど、アメリカと敵対する産油国が増えてきたばかりでなく、中国など石油を輸入する各国がドルでの決済をやめるような動きが出始めてきた。こうなるとますますドルの価値が下がっていく。

ドルの価値が下がると一番困るのは、ドルを発行することで利益が還元される、ＦＲＢの株主ハザールマフィアだ。

じつは、これまで石油の値段が下がりそうになると、産油国が集中する中東で内戦が起こり、結果的に原油価格が高騰してきた歴史がある。１９７３年には第４次中東戦争が起こったことで原油価格が上昇し、１９８０年にはイラン・イラク戦争を契機に再び上昇した。

そこにはハザールマフィアが深く関与していた。

ハザールマフィアのやり方は次のとおりだ。彼らの手先であるＣＩＡやギャングを産油国に送り込む。そして、反政府ゲリラを煽動したり、自分たちが反政府ゲリラとなったりしてクーデターを仕掛け、内戦状態にもっていく。そこに世界の治安維持を名目にアメリカ軍が出動する。軍事力で圧倒した後、仕上げに内政に干渉し、経済的にも支配して原油価格をコントロールするというものだ。

例えば、1953年8月、産油国のイランで軍事クーデターが起こり、モハマド・モサデク首相が失脚して、親欧米派の政権が誕生した。このクーデターにCIAやイギリスの秘密情報機関が関与していたことが2013年に公開されたアメリカの機密文書で明らかになっている。イラン国内の石油産業はイギリス資本に独占されていた。そこで、モサデク首相はイギリス資本を追放して石油産業を国有化しようとしたのである。このクーデターはハザールマフィアが石油の国有化を阻止しようとして行なった謀略だったのだ。

このような手法を使って、ハザールマフィアは中東だけでなく世界各国でクーデターを煽動することで、自分たちの権益を守ってきた。

こうした荒っぽいやり方で成功に導いてきたのは、アメリカのハザールマフィアの中心的な存在にまでのし上がってきたブッシュ一族の力が大きい。

## 「ナチスの遺産」で勃興したブッシュ一族

ブッシュ一族の祖は銀行家のプレスコット・ブッシュである。彼は第2次世界大戦前からドイツの独裁者ヒトラーの信奉者だった。しかも、ナチスドイツの台頭に深く関係するドイツの実業家フリッツ・ティッセンに資金提供を行い、そのルートからナチスドイツとの通商取引を行なって相当な財産を築いたとされる。実際に、彼が経営に参加していた「ハンブルク・アメリカン運輸会社」「オランダ・アメリカン交易株式会社」「継目なし鋼材株式会社」の3社がナチスドイツと通商を行なっているとして、「対敵通商法」により資産を差し押さえられている。

終戦後、プレスコットはナチスとの関わりを隠したまま政界入りし、連邦上院議員となるが、ナチス残党とのつながりは途絶えることはなかった。そのナチスとの関係は、彼の次男であるジョージ・H・W・ブッシュに引き継がれていく。

そう、彼こそが後に第41代大統領となる「パパ・ブッシュ」だ。その息子であるジョージ・W・ブッシュが第43代大統領となったので、息子と区別するために、ここでは「パパ・ブッシュ」と呼ぶことにする。

パパ・ブッシュは第2次世界大戦中、艦上攻撃機のパイロットとして従軍し、終戦後にエール大学に進学すると、父のプレスコットも属していた秘密結社スカル・アンド・ボーンズに加入する。スカル・アンド・ボーンズは、金融や石油といった重要産業の中枢や、国防総省、国務省などに影響力を持つ結社であり、歴代のCIA長官のほぼすべてをこの結社から輩出している。パパ・ブッシュも後にＣＩＡの長官となるが、彼の政治的基盤はここで築かれたといっていい。

さらに彼は大学卒業後、表向きは世界各国を飛び回るビジネスマンとなったが、ＣＩＡが欲しがるような石油関連情報を提供し、また自らも石油会社を立ち上げて、ＣＩＡとの協力関係を続けていく。

その上、父のプレスコットの指示で、ナチス残党が中南米などの海外へ逃亡する手引きをしたり、旧日本軍人を北朝鮮に逃亡させたり、中国国民党を台湾へ逃がしたりもした。

この中南米から台湾、北朝鮮という敗残兵ルートはブッシュ一族に莫大な富をもたらすことになる。中南米や台湾、北朝鮮で製造した麻薬を、敗残兵ルートを使って先進国で売りさばき、そのカネをマネーロンダリングしてウォール街の金融資金にする麻薬ビジネスを始めたのだ。ブッシュ一族はもともとハザールマフィアの一員だったが、こうしてハザールマフィア内での地位を確固たるものにしていったのである。

じつは、ニクソン大統領に「ニクソンショック」を断行させ、「金本位制ドル」から「石油本位ドル」に移行させたのもブッシュ一族の力が大きいとされている。貧しい家庭の出であるニクソンを支援して政界入りさせ、ドワイト・Ｄ・アイゼンハワー政権で副大統領にまで就任させたのはプレスコットに他ならないからだ。

パパ・ブッシュもCIAの活動の一環としてケネディ暗殺に関係していたといわれている。この事実は各国の当局筋の間ではすでに公然の事実となっているが、ハザールマフィアに支配されているマスコミやアメリカ政府はこのことについて固く口を閉ざしている。

トランプはケネディ大統領暗殺事件に関する機密文書を全面公開すると表明していた。結局、全面公開は先送りにされたが、一部の文書が公開され、ケネディ暗殺を実際に命令したのは、ハザールマフィアの手先国家であるイスラエルの初代首相ダヴィド・ベン＝グリオンだということが分かった。マスコミもアメリカ政府もそのことには一切触れていない。ハザールマフィアの圧力がかかっていることはいうまでもない。

その後、政界入りを果たしたパパ・ブッシュはCIA長官や副大統領を歴任してCIAとアメリカ軍特殊部隊への支配を強めていき、ハザールマフィアの一員として世界各国でクーデターをでっちあげるなど、彼らの利益のために暗躍していった。

そして1989年、ついに第41代のアメリカ大統領にまで登り詰めるのである。

ちなみに、パパ・ブッシュが築いたハザールマフィア内での勢力を「ナチス派ハザールマフィア」と私は呼んでいる。パパ・ブッシュの父親でブッシュ一族の祖であるプレスコット・ブッシュはナチス信奉者であり、そのナチスの遺産を引き継いだのがパパ・ブッシュであり、その息子のジョージ・W・ブッシュ第43代大統領だからである。

## 「ナチス派ハザールマフィア」として
## アメリカを支配したブッシュ一族

ホワイトハウスにて記念撮影に臨むブッシュ一族。前列右から２番目がパパ・ブッシュ、４番目はジョージ・W・ブッシュ。ブッシュ一族は、ナチス残党とのつながりを足がかりに麻薬ビジネスで莫大な利益を上げ、ナチス派ハザールマフィアとして親子２代で大統領を輩出するまでの権力を手中にする。

## イラン制裁は「石油本位制ドル」を守るため

ここまでしてハザールマフィアが守ってきた「石油本位制ドル」だが、現在ではそれを維持することが困難な状況に追い込まれている。その理由が石油のだぶつきであり、産油国に対する支配力の低下だと先に述べた。しかし最大の理由は、アメリカそのものが巨額の貿易赤字や財政悪化によって立ち行かなくなっているからである。まさに瀕死のアメリカは、デフォルト（債務不履行）を回避するために悪戦苦闘する状態にまで陥っているのだ。

ハザールマフィアもなんとかしてアメリカの倒産を防ごうとしている。しかし、そのやり口は相変わらずだ。世界のどこかで戦争を起こし、それによってアメリカの経済を立て直すというものである。

産業空洞化に陥ったアメリカは、経済を立て直すといっても、海外に売り付けることのできる製品が限られている。農産物以外では原油やガスなどのエネルギー資源と武器ぐらいしかない。そこで、アメリカは自国のエネルギー資源を売りさばくために競争相手を叩きのめして乗っ取るか、世界のどこかで戦争を起こし、または起こりそうだとあおることで武器を売り付けるしかなくなった。それが現在のアメリカの姿である。

そう見ていくと、最近の世界情勢はじつに分かりやすい。

例えば、2019年1月23日、南米のベネズエラで、反米色の強いニコラス・マドゥロ大統領に対する大規模な反政府デモが行われ、フアン・グアイド国会議長が暫定大統領就任を宣言した。この反政府デモにナチス派ハザールマフィアが支配するアメリカのCIAの一部などが関わっている可能性が高い。その証拠に、トランプはすぐさまグアイド国会議長の大統領就任を支持して内政に介入しようとした。それは、ベネズエラが世界有数の産油国であり、埋蔵量では世界1位とされているからに他ならない。アメリカはあわよくばベネズエラの石油資本を奪い取ろうとしたのだ。

しかし、アメリカお得意の軍事介入をする前に、ロシアや中国などの反ハザールマフィア勢力がこれを阻止する動きに出て、他の多くの国も追随しなかったことから、アメリカは手を引かざるを得なくなった。

産油国であるイランに対する一連の制裁も同様だ。2018年5月、トランプがイラン核合意からの離脱を表明し、イランへの制裁を再び発動させた。これはイラン政府が「今後の原油取引の決済通貨をドルからユーロに切り替える」と発表したことが背景にあった。ドルからユーロへの切り替えは、「石油本位制ドル」の崩壊につながるので、黙って見過ごすわけにはいかなかったのだ。その上で、アメリカはイランの革命防衛隊をテロ組織に指定するとともに、空母を派遣して中東に展開するアメリカ軍を増強していった。2019年9月14日にはサウジアラビアの石油施設が攻撃を受けるという事件まで起き、イエメンの武装組織フーシ派が犯行声明を出した。アメリカはイランが関与していると強く主張した。これらのアメリカの動きはイランとサウジアラビアの戦争を煽動しているようにしか見えない。

アメリカはその戦争に乗じてイランを叩きつぶしたくて仕方がないのだ。それは、産油国であるイランから石油資本を奪うためであり、イランの石油資本を崩壊させることで利益を得ようとしているからに他ならない。

## アメリカが暗躍する「サウジ石油施設攻撃」

2019年9月14日のサウジアラビア石油施設の攻撃については、アメリカの自作自演である可能性が高い。アメリカがサウジアラビアに敵対するイエメンのフーシ派に武器を渡してサウジアラビアの石油施設への攻撃を煽動した、もしくはアメリカが秘密裏に攻撃をした後、買収したフーシ派に「自分たちがやった」と犯行声明を出させた可能性もある。

なぜアメリカがここまでしてこのような企てをしたのかといえば、それは同年9月17日のイスラエル総選挙でハザールマフィアの手下であるベンヤミン・ネタニヤフ首相を勝たせるために、中東のこの混乱を乗り切るには強い主導者が必要だとイスラエル国民に思わせる狙いがあったからだ。しかし、一番の思惑はイランを戦闘状態に陥れることでイランからの石油を止めることにあった。そうすればイランの石油の生産量が減少し、価格が上昇するだけでなく、代わりにアメリカ産の石油を世界に売ることができるからだ。

じつは、アメリカの原油生産量は2018年、45年ぶりに世界首位に返り咲いている。シェールオイルの増産で、輸出量も世界第1位のサウジアラビアに迫る勢いだ。しかし、主な原油輸入国であるヨーロッパや中国、インドは、アメリカ産の石油は割高だとして積極的に輸入しようとしていないのが現状でもある。それでもアメリカは貿易赤字を少しでも解消するためになんとかして自国の石油を売りたいと思っている。サウジアラビアの石油施設が攻撃されたことで同国の原油生産の半分が停止状態になったことを受け、「必要ならばアメリカの戦略的備蓄から石油を放出する」とトランプがツイートしたが、それはアメリカの石油を売りたいという本音が思わず出た形である。

サウジアラビアの石油施設が攻撃された9月14日という日付にも注目してほしい。アメリカ国債の償還などといった対外債務の支払い期日は毎年9月末と1月末にやってくる。資金が枯渇しているアメリカはその期日が迫ってくると、あの手この手で資金を集めようとする。または、「今はお金がなくても、もうすぐ大きな商談がまとまりそうなので大丈夫ですよ」

というポーズを取って借金取りから逃れようとする。

サウジアラビアの石油施設が9月14日に攻撃されたのは、まさにアメリカ国債などの償還期限が迫るなかでのことだ。アメリカには、中東での騒乱を煽動することで自国の石油を売り込み、なおかつ「もうすぐ大きな商談がまとまってお金が入りますよ」ということをアピールする狙いがあったのだ。

## トランプに従順なのは日本だけ

このようにトランプはアメリカの倒産を回避するために涙ぐましい努力をしているともいえる。米中貿易戦争における恫喝まがいの攻防にしても、年間1兆ドルにまで膨らんでいる財政赤字を解消するために、なんとかして中国にアメリカ製品を買ってほしいというのが本音だ。

アメリカはクリミア半島の帰属問題に端を発したウクライナ問題で、ロシアに対して経済制裁を強化してきた。これもベネズエラやイランと同じように、石油や天然ガスなどのエネルギー輸出大国ロシアを牽制し、輸出を妨害したいからに他ならない。

しかし、アメリカの工作はどれもうまくいっていないのが実状だ。ベネズエラへの軍事介入は失敗し、イランは挑発に乗らず、ロシアは経済制裁をされているにもかかわらず、天然ガスをドイツにパイプラインで供給しようとさえしている。

アメリカに同調するように世界に呼びかけても、石油などのエネルギーを大量に輸入している中国やインドなどからはまったく相手にされていない。それどころか、石油ドル体制の主軸であり、ハザールマフィアの権力基盤であったサウジアラビアまでも中国に歩み寄りを始めている。2019年2月にはサウジアラビアのムハンマド皇太子が中国を訪問し、両国は急接近している。

今や世界は、戦争を煽動することで自分たちの利益につなげようとするアメリカとハザールマフィアの横暴なやり口に気づき始めただけでなく、それを見透かしてしまった感さえある。だから、どの国も同調はせず、どんなに戦争をあおっても挑発に乗らないのだ。

それでも、トランプは傍若無人ともいえる振る舞いで必死に金をかき集めようともがいている。

2019年8月、トランプがデンマーク自治領であるグリーンランドを購入する意向があると表明したが、これは北極圏に位置するグリーンランドには石炭や亜鉛、銅、鉄鋼などの資源が豊富にあるからに他ならない。トランプはこれらの資源を奪い取ろうとしたのだ。しかし、デンマークのメッテ・フレデリクセン首相に「ばかげている」と一蹴されたことで話は立ち消えとなってしまった。

北朝鮮の非核化をめぐる米朝関係にしても、2019年2月に首脳会談が一度決裂したが、トランプは同年6月に板門店で北朝鮮の金正恩朝鮮労働党委員長と再会しただけでなく、その後の度重なる北朝鮮によるミサイル発射実験にもかかわらず、両国との和平交渉の再開に意欲を示している。しかしトランプの本当の狙いは北朝鮮にある鉱物などの資源なのだ。北朝鮮には、まだ開発されていない大量の鉱物が眠っているとされているからだ。

その他にも、イランの脅威に対応するためという名目で、トランプは2019年5月、アメリカ議会の承認を得ずに中東のサウジアラビア、アラブ首長国連邦（UAE）、ヨルダンの3カ国に約81億ドル相当の武器を売却すると発表した。これはイランとの戦争をあおりにあおった上で自国の武器を無理矢理売り付けたも同然の行為だ。しかも、本来なら議会の承認が必要なのに、そんな面倒なことはどうでもいいというような乱暴さである。

さらに、トランプは2019年3月、同盟国に対して次のようなとんでもない構想も打ち出してみせた。

「アメリカ軍の駐留経費の全額に加え、アメリカ軍の駐留で恩恵を受けている対価としてプラス50％以上の支払いを求める」

こんな無茶な要求をすんなりと認める同盟国があるのか、はなはだ疑問だが、財政赤字を縮小するためなら、トランプはなりふり構わないということが如実に表れている。

そんなトランプに対していつまでも従順なのは日本ぐらいだといっていい。日本は北朝鮮からのミサイル防衛という名目のもと、アメリカから迎撃ミサイルシステム「イージス・アショア」を2基購入することにしたが、その値段は合わせて2352億円もする。その他にもアメリカの言うがままに武器を購入し続けた結果、支払うべき武器購入費の返済金の残高が2019年度で5兆円を越えるまでに膨らんでしまっている。さらに、日本はアメリカの国債を買い続け、その保有額は国別で1位となっている。

それほどまでにアメリカの貿易赤字と財政赤字の解消に協力し続けてきたのが、日本という国なのだ。

しかし、20年間もデフレが続き、経済成長が鈍化してしまった日本にはこれ以上、アメリカに奉仕する力は残っていない。逆にいうなら、アメリカは日本の資本を吸い付くし、もう日本から取れるものがなくなっている状態なのだ。

## 「リーマンショック」でアメリカは倒産寸前だった

結局、アメリカはどんなにトランプがあがき続けようと、倒産するしか道が残っていない。

じつはアメリカは一度、倒産しかけたことがある。２００８年9月15日に起こった「リーマンショック」のときである。

アメリカ第4位の投資銀行リーマン・ブラザースがサブプライム問題などで経営破綻したことに端を発して、世界的な金融危機が起こった。このリーマンショックの裏にあったのがアメリカの倒産だった。

9月15日という日付から分かるとおり、アメリカ国債の償還などの対外支払い期日である9月末日が迫っていた。その返済に窮したアメリカはとうとう立ち行かなくなり、それを察知した世界各国の企業が自社の被害を最小限に抑えるため、アメリカに対するマネーや物資の流れを止めてしまったのだ。

この危機を救ったのはアジアの王族たちだった。金（ゴールド）を大量に保持しているアジアの王族たちには、これまでも金兌換紙幣であるドルを支えるために金を提供してきた歴史がある。政府紙幣を発行しようとしたケネディに、その裏付けとなる金を提供したのも彼らだった。ただし、ケネディに荷担したことから分かるように、アジアの王族たちはもともとハザールマフィアを快くは思っていない。ハザールマフィアはそんなアジアの王族たちを懐柔するために、アジア人と同じ有色人種である黒人のバラク・オバマをアメリカの次期大統領にすることで助けを求めた。白人至上主義者の集団でもあったハザールマフィアからすれば、相当の妥協であり、当時はアジアの王族に対する最大限の誠意のように見えた。

こうして、このときは倒産をまぬがれたアメリカだったが、今はどうだろうか。周りを見回しても誰も手を貸そうとする者がいない。アジアの王族はオバマ大統領に期待したが、結局はハザールマフィアの支配下にある人間だということを知って裏切られた形となり、不信を募らせることになっていった。そして、今ではハザールマフィアを倒す側に回っている。中国もアメリカの倒産を助ける気がない。もはやアメリカの倒産について「リビングの象」のように見て見ぬふりをすることはできなくなっている。

しかし、アメリカがいまだに「リビングの象」であり続けているのは、アメリカが倒産した後の世界がよく見えていないからだ。ドルに変わる新しい基軸通貨がまだ生まれていない状況では、アメリカ倒産後の世界経済が大混乱に陥ることは目に見えている。何よりもドルが基軸通貨でなくなれば、ＦＲＢの株主であるハザールマフィアだけでなく、アメリカ国債を保有している国々も立ち行かなくなってしまう。ドルが基軸通貨でなくなって価値が下がれば、アメリカ国債はただの紙屑になってしまう可能性があるからだ。

それでも、これまでのように世界を我がものとしてきたハザールマフィアを放置しておくわけにはいかないと、新しい勢力が生まれ始めている。

その筆頭はいうまでもなく中国だ。もちろん、中国一国だけではどうすることもできない。

そこに他のアジア諸国や反ハザールマフィアのロシアが加わり、ヨーロッパ諸国が寝返ったとき、大きな力となる。すでにヨーロッパの貴族たちには、ハザールマフィアやアメリカに見切りをつけ、この新しい勢力に乗り移ろうとする動きさえある。アジアの王族たちも反ハザールマフィアであることは述べた。

その上、ハザールマフィアの支配下にあるアメリカでも内乱のような状態が起きている。アメリカ軍の中の良識派と呼ばれる人たちが、ハザールマフィアのやり方に反旗を翻し始めたのだ。トランプがどんなにイランを挑発して戦争を起こさせようとしても、それを止めているのは、このアメリカ軍の良識派の人たちなのだ。

このような反ハザールマフィアの新しい勢力については次章以降で詳しく述べていくが、すでに倒産が避けられないアメリカにおいて、いくらトランプが2020年の大統領選挙に当選して2期目の大統領になろうとも、彼の役割はすでにはっきりしているといえる。

それは、アメリカ倒産に向けての財務処理だということである。

# 第3章

# 世界覇権を狙う「野望の帝国」中国

アメリカとの戦争の火蓋は切られた！

## アメリカとハザールマフィアに宣戦布告した中国

中国は2019年10月1日、建国70周年を迎えた。北京の天安門で行われた軍事パレードには兵員約1万5000人、戦車などの車両約580台、航空機約160機が参列し、アメリカ本土にも到達可能な大陸間弾道ミサイルなどの最新兵器も公開され、その規模は史上最大ともいえるものだった。

中国はまさに、世界に向けて自国の力を誇示してみせたのである。

確かに、中国の経済成長には目覚ましいものがあった。1978年12月、当時の最高実力者だった鄧小平により推進された「改革開放」政策が発表され、それまでの計画経済と統制経済から独自の計画市場経済へと大転換した。1980年以降、海外資本を積極的に受け入れ、その国の経済力を表す指数であるGDP（国内総生産）が右肩上がりで急上昇していった。

そして、2010年にはついに日本を追い抜いて、アメリカに次ぐ世界第2位の経済大国にまで成長したのである。

2018年には世界の名目GDPに占める中国の割合が16％近くにも達し、今や中国は世界経済のカギを握る存在にまでなった。実質的にはすでに世界第1位となっており、

2030年前後にはアメリカを追い抜いて名目GDPでも世界1位になるだろうと予想されている。

しかし、中国の経済発展はすべてが順調なわけではない。例えば、2016年のGDPの内訳をみると、個人消費が占める割合は4割程度で、公共事業や企業の設備投資などの支出が4割以上を占めており、まだまだ設備投資の占める割合が高いことが分かる。これは、中国が国内のインフラ設備や製造業の工場設備などに投資をすることによって経済を成長させてきたという証でもある。しかし、そこには危険が伴う。インフラや企業の設備が完成してしまうと新たな投資先がなくなり、経済が回らなくなるからだ。

これは、かつてのソ連が経験したことでもある。ソ連は冷戦時代、長年にわたり莫大な設備投資を国内で行なった結果、確かに高度経済成長には結び付いていったが、一回りしてしまうと、他に投資先がなくなり、成長が止まってしまった。市場がすでに飽和状態であるにもかかわらず、新たな工場を次々と建設し続けたため、売る相手もいないのに「倉庫に在庫を積み上げているだけ」の状態になり、最終的にGDPの伸び率がマイナス圏内に陥ってしまったのだ。その結果がソ連の崩壊だった。

現に中国の経済成長率は2010年ごろから下降線をたどっており、2019年7月15日に中国国家統計局が発表した同年4～6月期のGDPの成長率は6・2%で、改革路線以降、最低を記録している。

これは米中貿易戦争の激化による影響もある。しかし、その分を差し引いたとしても下がっており、中国は国内への設備投資に頼らない新たな投資先や需要先を見つける必要がある。

しかし、これまでのようにアメリカを中心とする国際経済の枠組みにいる限りは、どうしてもアメリカの影響を避けることはできない。「アメリカを中心とする国際経済」とは、「石油本位制ドル」に裏打ちされたアメリカのドルによる支配ということであり、それはハザールマフィアの支配と言い換えてもいい。

中国は決断した。このままでは中国の発展はない、と。

いみじくも建国70周年の式典で習近平国家主席がこう演説した。

「いかなる勢力も我々の偉大な祖国と人民の前進を止めることができない」

それは、アメリカと世界経済を牛耳ってきたハザールマフィアとの決別宣言であり、宣戦布告に聞こえた。

## 狙うは「石油本位制ドル」の打破

中国によるアメリカとハザールマフィアからの脱却は、何も今、突然始まったことではない。中国は周到な準備を進めてきた。

もちろん中国も、アメリカを中心とする国際経済の枠組みの中で自国の経済成長のために努力してきた。アメリカ国債を買い続け、2013年には1兆3200億ドルもアメリカ国債を保有するまでになった。それは、アメリカなどとの貿易で稼いだドルをさらに有効に使うための方法だったともいえる。日本やドイツなど他の主要先進国の国債よりもアメリカ国債の利回りの方が高かったばかりでなく、何よりもアメリカ国債は世界一安全だとされていたからだ。また、石油などのエネルギーを輸入しなければならない中国にとっては、ドルでしか石油が買えない以上、ドルを稼いで、その購入資金にするしかなかった。

しかし、中国は気づいていた。このままアメリカ国債を買い続けることはアメリカを助けることになり、ひいてはドルの価値を維持し、国際経済を支配するハザールマフィアを太らせるだけだということを。そして、このままドルでしか石油を購入できない「石油ドル体制」である限り、どんなにあがこうと、アメリカとハザールマフィアにいいようにされて利益を吸い取られるだけだと。

中国はアメリカ国債を買うことをやめ、2013年をピークにして徐々にその保有量を減らしてきた。

また、石油ドル体制を崩すための方策も着々と進めた。

それが「ＢＲＩＣＳ」の結成であり、「ＡＩＩＢ（アジアインフラ投資銀行）」の設立であり、「一帯一路」構想の提唱だった。

## 新興5カ国「BRICS銀行」でドルへ抵抗

ＢＲＩＣＳとは、中国、ブラジル、ロシア、インド、そして南アフリカ共和国の５カ国の総称である。当初は２００９年6月に、中国、ブラジル、ロシア、インドの４カ国で首脳会議を開催したが、これに南アフリカが加わり、２０１１年6月、中国で首脳会議を開いて、「ＢＲＩＣＳ」という名称となった。

中国を含めたこの5カ国に共通するのは、急激な経済成長を遂げつつある新興国ということだ。しかも、この5カ国で世界の人口の約4割強、面積では約3割を占め、ＧＤＰで見ても、２０５０年には中国が世界第1位、インドが3位、ブラジルが5位、ロシアが6位になるだろうとの予測もあるほどだ。つまり、この5カ国が結束すれば、経済活動でアメリカやヨーロッパに対抗できるどころか、上回ることすらできるということでもある。

その上、南アフリカはアフリカの中でもっとも経済発展を遂げた国の一つであると同時に、モロッコを除くアフリカのすべての国が加盟しているアフリカ連合（ＡＵ）の代表国である。

つまり、南アフリカを味方につけたということは、アフリカすべてを仲間に入れたということと同じである。アフリカ全土を含めれば、ＢＲＩＣＳは世界の人口の６割近くを占めることになる。

ＢＲＩＣＳは２０１４年７月に行われた首脳会談において、１０００億ドルにのぼる外貨準備基金の設立に合意しただけでなく、各国が持ち寄った１０００億ドルの資本金で、中国の上海に「新開発銀行（ＢＲＩＣＳ銀行）」を設立することを決定した。

この決定は、明らかに既存の国際金融体制に対するＢＲＩＣＳからの挑戦であり、挑発だった。なぜなら、新開発銀行の設立目的は途上国への経済支援ということだが、すでにこれと同じ理由で設立されている銀行があるからだ。それは、１９４５年にワシントンＤ．Ｃ．に設立された「世界銀行（国際復興開発銀行）」である。

これまで第２次世界大戦後の国際金融を支えてきたのはＩＭＦ（国際通貨基金）とこの世界銀行だったが、この両行は第２章でも触れた「金本位制ドル」を決定した「ブレトンウッズ協定」に基づいて設立されたものである。特に世界銀行は、その本部がアメリカのワシントンＤ．Ｃ．にあることからも分かるとおり、ハザールマフィアが支配する金融機関だ。その設立目的は第２次世界大戦後の発展途上国の貧困撲滅のためというものだが、同じ趣旨でＢＲＩＣＳが新開発銀行を設立したということは、ハザールマフィアに対して挑戦状を叩き付けたのに等しい。

さらに、新開発銀行は2016年7月に人民元建て債券を初めて発行し、2019年にはドルではなく現地の通貨で貸し出しするのに重点を移すことを決定した。これらの動きはまだ小さなものかもしれないが、新開発銀行の設立自体が基軸通貨であるドルへの抵抗であり、ハザールマフィアが支配する国際金融体制に風穴を開けたことは確かだ。

## 「AIIB」は国際金融体制への挑戦

さらに、中国は「BRICS」と足並みをそろえる形で、自らが中心となって国際開発金融機関である「AIIB（アジアインフラ投資銀行）」を発足させた。

この銀行は、アジア太平洋地域のインフラ整備を支援するという趣旨のもとに習近平が2013年に提唱し、2015年12月に設立されたものだ。すでに1966年に同じ趣旨で設立された「ADB（アジア開発銀行）」が存在しているにもかかわらず、提唱・設立されたのである。

ADBはアメリカが主導し、日本が協力する形で運営されており、ハザールマフィアの影響下にある。AIIBは一応の建て前として、ADBでは補うことのできない途上国をカバーするためだといってはいるが、ＡＩＩＢの設立自体、明らかに既存の国際金融体制に対する中国の抵抗であり、挑戦だ。

しかも、ＡＩＩＢの設立に対して、当初参加国は東南アジアなどの数カ国だけだろうと思われていたが、イギリスを筆頭にドイツ、フランス、イタリアなどの主要先進国が次々と名乗りを上げ、アジアはもとより、ＡＤＢに参加していないロシアや中東諸国などが雪崩をうって参加を表明し、全部で57カ国が創設メンバーに加わった。

さらに、２０１９年7月時点では南アメリカ諸国やアフリカ諸国などを含め、参加国・地域が１００カ国にまで拡大しており、ＡＤＢの加盟数67カ国を大きく上回っている。

これはいったい何を意味するのか。イギリスなどの欧州諸国にとっては、アジア太平洋地域への投資がビジネス拡大のチャンスになるという思惑もあるだろうが、見逃してはいけないのは、ＡＤＢに参加していない諸国がＡＩＩＢには参加しているということだ。これは中国からの強い働きかけがあったにせよ、それまでの日本やアメリカを中心としたＡＤＢのやり方に不満があったからに他ならない。それは、ハザールマフィアが支配する国際金融体制への不満ということでもある。

一方、主要先進国の中では現在アメリカと日本だけがＡＩＩＢに加盟していない。アメリカに追随するだけの国である日本はアメリカに同調して、どうせ失敗するだろうとタカをくくっていたふしがある。しかし、ＡＩＩＢの金融機関としての信用度は高まるばかりで、アメリカの格付け会社ムーディーズ・インベスターズ・サービスは２０１７年６月、ＡＩＩＢに対して最上位の格付けである「Ａａａ（トリプルＡ）」の評価を与えた。

日本はもはやＡＩＩＢを無視できなくなっている。いずれはこれに参加せざるを得なくなるだろう。

## 人民元をドルに代わって基軸通貨に

このように、中国はロシアやインドなどの経済成長が著しい新興国４カ国とＢＲＩＣＳという形で絆を深めるとともに、２０１４年７月にＢＲＩＣＳ銀行を、２０１５年12月にＡＩＩＢを設立し、拡大させてきた。ＡＩＩＢ加盟国のＧＤＰをトータルすると、世界の80％近くまでを占める大きさである。もはや世界は中国を無視できない。世界経済の中心はすでに欧米から中国へとシフトしているといっても過言ではない状態になっている。

ＩＭＦもとうとう２０１６年10月１日、中国の人民元を特別引き出し権（ＳＤＲ）の構成通貨として認定した。これは、「世界の貿易で人民元でも決済ができますよ」というお墨付きを与えたということである。このような構成通貨はドルの他にユーロ、英ポンド、日本円とあるが、その5番目に認定されたということは、それだけ人民元の力が強くなったということであり、人民元が国際通貨として認められたということでもある。

しかし、中国はこれで満足しているわけではない。ドルが基軸通貨であることには依然として変わりはなく、中国が本当に狙っているのは、ドルに代わって人民元を基軸通貨にすることだ。そうすれば、これまでのようにドルに左右されることがなくなり、ハザールマフィアの支配からも脱することができる。

じつは、人民元を基軸通貨にするという中国の野望は、巧妙な形で進行していた。

２００８年９月に起こったリーマンショックのときだ。２００９年に中国政府はドルへの信認が揺らいだタイミングを狙い、上海市と広州市など地域を限定して、人民元で貿易決済することを初めて認めた。輸出代金を人民元で受け取る契約を結べば、ドルが下落している局面でも中国は為替リスクを回避できる。貿易相手国も人民元を重視するようになる。これは、人民元を基軸通貨にしたいという中国の秘かな野望の最初の一歩だった。この成功に自信を深めた中国はその後、人民元での決済の対象地域を中国全土に広げた。

そして、ＩＭＦによって特別引き出し権の構成通貨となり、国際通貨と認められた人民元を最終目的である基軸通貨とするべく、中国政府はさらなる方策に打って出た。ドルを基軸通貨にするためにハザールマフィアが仕組んだ「石油ドル体制」に対する攻撃である。

## 産油国への急接近と原油先物市場への参加

世界は石油エネルギーで成り立っている。現在、石油の売買はドルでしか決済できないとするルールがあるために、ドルが必要となる。だからこそ、ドルは基軸通貨の地位を維持することができるのだが、この石油ドル体制を壊すために中国は着々と動き始めた。

2017年に中国の原油輸入量は日量840万バレルとなり、790万バレルのアメリカを初めて追い抜いて世界最大の原油輸入国になった。そして2018年3月、人民元建ての原油先物を上場し、中国の先物市場として初めて海外投資家の参加も認め、さらには香港や上海の取引所での人民元と金（ゴールド）の交換も可能とした。これは金に交換可能な人民元建ての原油先物を開始したということである。

このことは、これまでドル建てでのみ行われていた原油先物市場に一石を投じる形になったばかりでなく、原油を世界で一番多く輸入しているにもかかわらず原油価格の決定が欧米主導で行われていることに対する中国の苛立ちの表れでもあった。

もちろん、この時期に人民元建ての原油先物の上場を開始したのは、激化しつつある貿易摩擦に対するアメリカへの牽制という意味合いもある。だからこそ、アメリカは貿易摩擦のこれ以上の激化を恐れて黙認することになり、中国は結果的に石油ドル体制にくさびを打ち込むことに成功したのだ。

今後の動向次第では、中国が世界最大の原油輸入国であるだけに、中国の先物市場が原油価格の指標となることも充分に考えられる。現に2019年に入ると、取引高は急上昇し、ニューヨークとロンドン市場に次ぐ世界第3位になっている。

しかし、まだまだ中国市場に対する信頼を得られないために海外投資家の参加が少なく、世界の原油価格に影響を与えるまでにはなってはいない。とはいえ、人民元建ての原油先物が世界に広がっていくようなことになれば、まさにドルの価値が低下し、石油ドル体制の崩壊につながっていくことになる。すでにベネズエラやイラン、ロシアなど、反ハザールマフィアの産油国は人民元建ての原油先物取引に応じる気配も見せているほどだ。

さらに、中国はハザールマフィアの牙城ともいえる産油国に直接、手を伸ばそうとさえしている。特に最大の産油国であるサウジアラビアへの接近は顕著だ。

2016年1月、習近平がサウジアラビアに公式訪問をして関係強化を訴えると、それに応える形で翌2017年3月にサウジアラビアのサルマン国王が中国を訪問した。2018年10月にサウジアラビア人の記者ジャマル・カショギがトルコ・イスタンブールのサウジアラビア総領事館で殺害された。その事件の黒幕だと国際社会から非難されて孤立していたサウジアラビアのムハンマド皇太子に中国はいち早く手を差し伸べる。2019年2月の北京訪問に際しては厚遇し、サウジアラビア最大の国営石油企業であるサウジアラムコに精油所建設などで中国が100億ドルの投資を行うことをはじめ、幅広い分野で両国が協力することで合意した。

アラブの盟主を自認するサウジアラビアは、これまでアメリカと安全保障や経済の面で固い協力関係にあり、ハザールマフィアの本丸である石油ドル体制を支えてきた主要国の一つだった。それにもかかわらず中国との関係強化に向かったのは、サウジアラビアの中国に対する輸出額がアメリカを上回っているという現実がある。サウジアラビアはこれまでのように中国を無視するわけにはいかなくなってきたのだ。

これは、中国の思惑どおりでもある。サウジアラビアだけでなく、他の産油国もそろって中国との関係を強化するようなことになれば、中国の立場がいっそう強くなり、ドルに代わって人民元での取引が行われる日がやってくるだろう。それはそう遠いことではない。

## 現代版のシルクロード「一帯一路」経済圏構想

ハザールマフィアが支配する石油ドル体制を崩すために、中国は他にも布石を打っている。

「一帯一路」だ。

これは、国家主席に就任して間もない習近平が2013年の中央アジア歴訪中に明かした経済圏構想で、2014年11月に北京で開催されたアジア太平洋経済協力首脳会議で広く世界にアピールされた。2017年には北京で第1回の「一帯一路国際協力サミットフォーラム」が開催されている。

ここでいう「一路」とは中国から中央アジアを経由してヨーロッパへと続く「シルクロード経済ベルト」のことで、これが陸路であるのに対して「一帯」は、南シナ海からインド洋、ペルシャ湾、地中海へとつながる「21世紀海上シルクロード」と称される海路のことである。

中国は広大な陸路と海路をそれぞれ一つの経済圏とし、沿線に位置する国々のインフラを整備することでスムーズな物流を実現させ、あわせて産業も活性化させて、これを応援する国々とともに経済的発展を推し進めようと考えた。これは第2次世界大戦後にアメリカが行なったヨーロッパの復興計画「マーシャルプラン」の60倍もの規模になる。中国が中心となって設立したAIIBも、この一帯一路構想を実現させるための金融支援という役割が強い。

この中国の提唱に対して、世界の反応はどうだったのか。

2017年に北京で開催された一帯一路国際協力サミットフォーラムには、なんと世界130カ国以上の首脳や代表団が出席した。イギリスやフランス、ドイツといったヨーロッパの先進国だけでなく、一帯一路のルートに含まれていない韓国や北朝鮮、そしてアメリカさえも代表団を送り込んだ。日本もこの流れに遅れまいとして自民党の二階俊博幹事長が出席している。

アメリカや日本は様子見という側面もあっただろうが、もしも「一帯一路」という中国主導の巨大経済圏が形成されれば、今世紀最大ともいえる経済成長が期待できることは確かだ。一帯一路のルート上にない国も、このビジネスチャンスを逃す手はないと思うのは当然だろう。アメリカも決して無視することはできない。

その上で、中国が最終的に狙っているのは人民元の基軸通貨化だ。今はまだドルが圧倒的に強いが、一帯一路経済圏内で決算できる通貨を人民元だけにすれば、人民元は一気に基軸通貨となることができる。

しかし、一帯一路経済構想に対する警戒感が残っていることも確かだ。何よりもハザールマフィアが黙っているわけがない。ハザールマフィアが支配する世界銀行などは「一帯一路は透明性に欠ける」と盛んに警告を発している。さらに、一帯一路を「債務の罠」と結び付ける批判も喧伝された。

「債務の罠」とは、相手を借金漬けにすることでこちらの思いどおりに支配してしまうことをいうのだが、まさに中国は一帯一路を名目に発展途上国を借金漬けにし、支配下に置こうとしているのだ。中国は、これらの懸念を払拭するために世界各国に懸命に透明性などをアピールしているのが現状だ。

それでも、2019年4月に行われた第2回の一帯一路国際協力サミットフォーラムには、前回を上回る数の国と国際機関が参加し、首脳が出席した国の数も前回の29カ国から37カ国に増えている。日本は前回と同じく自民党の二階幹事長が出席したが、アメリカは高官を派遣していない。

中国政府の発表によると、2019年3月末までに一帯一路経済圏構想に向けて具体的に協力文書に署名したのは125カ国と29の国際組織で、2018年までに一帯一路の沿線国に対する中国企業による直接投資額は900億ドル(約10兆円)を上回ったという。

主要先進国7カ国(G7)のメンバーでは、イタリアが正式な支持を表明し、協力文書に署名している。中国はハザールマフィアの妨害にもかかわらず、確実に一帯一路経済圏の実現に向かって邁進しているのだ。

## アジアの王族と金本位制の復活

ドルから基軸通貨の地位を乗っ取ろうとする中国の行為は、ハザールマフィアへの抵抗であり挑戦だ。しかし、それを可能にしたのは、中国が実質的に世界第1位の経済大国に成長したからではない。後ろ盾があればこそ、である。

それがアジアの王族である。

第2章でも触れたとおり、アジアの王族は、1929年の世界恐慌のときも金をアメリカに提供することで、ドルの価値を維持することに協力してきた。金兌換紙幣であるドルの価値は、それに見合っただけの金をアメリカが保有していなければならない。1944年7月に締結されたブレトンウッズ協定でドルが国際基軸通貨になることができたのも、ドルの価値を裏付けるための金を彼らが供出したからだ。その他に2008年9月、リーマンショックで露呈したアメリカの倒産を直前になって救ったのもアジアの王族だった。

しかし、アジアの王族はアメリカの背後にいるハザールマフィアに全面的に協力しているわけではない。ハザールマフィアに反旗を翻したケネディ大統領が政府通貨を発行しようとしたとき、その裏付けとなる金を提供したのは彼らだった。しかも、ハザールマフィアに対する不信感は増していくばかりだ。1971年にはドルと金の兌換を中止するとした、いわゆる「ニクソンショック」が起き、アメリカはそれまでの「金本位制ドル」を捨てて「石油本位制ドル」へと移行した。これはドルの価値を金ではなく、石油に置き換えたということに他ならない。金を提供してきたアジアの王族にすれば、裏切られた格好である。

ハザールマフィアへの不信感をさらに確実にしたのは、2001年9月11日に起きたアメリカ同時多発テロ事件だった。イスラム過激派テロ組織のアルカイダによる犯行だとされているが、アメリカの自作自演であることが分かっている。

じつは、アメリカは2001年9月12日までに中国の大富豪をはじめとするアジアの王族から借りていた金を返還しなければならなかった。

話は1938年にさかのぼる。中国大陸ではその前年から始まった日中戦争が激化し、12月には中華民国の首都だった南京が日本軍に陥落されるまでになっていた。そんな中、中国大陸に保管されていたアジアの王族たちの金が秘かにアメリカに運び込まれていた。アジアの王族たちはこのまま自分たちの金を日本に盗まれるよりはアメリカに貸した方がいいと判断し、60年物の国債を担保として融通したのだ。

その60年後の1998年に金の返還を要求されたアメリカは、なんだかんだと理由をつけて2001年9月12日まで返還を延ばした。

しかし、すでに資金が枯渇しているアメリカにはその金を返す余力が残されていなかった。そこでどうしたか。9月11日、その翌日に返還手続きを行う予定になっていたニューヨークの世界貿易センタービルに爆弾をしかけ、飛行機を突っ込ませると同時にその爆弾を爆発させて、ビルごと破壊してしまったのである。

当時のアメリカ大統領は「パパ・ブッシュ」の息子であるジョージ・W・ブッシュであり、パパ・ブッシュも健在だった。ハザールマフィアはブッシュ一族が主導する「ナチス派ハザールマフィア」に同時多発テロ事件を起こさせ、それをイスラム過激派テロ組織のアルカイダの犯行だと決めつけることで、アジアの王族への返還手続きを中断させるどころか、うやむやにしてしまったのだ。

挙句の果てには、リーマンショックとアメリカの倒産問題である。

アジアの王族は、このままハザールマフィアに世界を任せることはできないという思いを強くし、同じアジアの一員である中国にシフトを移していった。中国が中心となって設立したＡＩＩＢも、裏から支えているのはアジアの王族であり、彼らが保有する金だった。

さらに、アジアの王族が求めているのは、金本位制の復活である。

彼らは基本的に現物しか信じない。通貨にしても、それが金という、それ自体に価値があるものと交換できる保証があるからこそまだ信じられるが、ハザールマフィアがドルの価値を維持するために移行した「石油本位制ドル」などは、石油という消費物を基にしたものであり、心から信用できるものではない。そこでアジアの王族は、ドルを金本位制に戻すことができないのであれば、金本位制に裏打ちされた別の通貨を基軸通貨にするしかないと考え、中国の人民元に注目し、自分たちが金を提供することで人民元をバックアップすることにしたのだ。

すでに金本位制に基づいた人民元をアピールするために、香港や上海の取引所では人民元を金と交換することも可能になっている。

「石油本位制ドル」から「金本位制の人民元」へ。アジアの王族と中国の利害は完全に一致している。

## 世界一の技術大国を目指す「中国製造2025」

中国はBRICSとAIIBを設立することで「金融」を、「一帯一路」経済圏を確立することで「通商」をリードしようとしてきた。しかし、それだけではまだまだハザールマフィアを打倒することはできない。中国は「技術」と「軍事」の分野でも世界を圧倒しようと考えている。

まずは「技術」。その代表的なものが「華為技術（ファーウェイ）」だろう。

華為技術はその名の通り、中「華」の「為《ため》」の企業である。もともとは1988年、任《じん》正非《せいひ》を中心とする元人民解放軍所属の軍事技術関係者が資金を持ち寄って中国の深圳市に創設した企業だが、携帯電話に必要な通信機器を開発したことで売り上げを急激に伸ばし、2012年には売上高で世界最大の通信機器メーカーとなった。その後も成長を続け、2019年現在、スマートフォンの年間出荷台数はアップルを抜いて世界第2位にまでなっている。国際特許出願の件数も2018年には過去最高の5405件となり、前年に続いての第1位で、技術革新にも余念がない。

ファーウェイの他にも同じ通信機器メーカーの中興通訊《ちゅうこうつうじん》(ZTE)や、阿里巴巴集団《ありばばしゅうだん》(アリババグループ)、百度(バイドゥ)といったインターネット関連の中国企業も世界で躍進している。

これら中国企業の成長の陰に、中国政府の後押しがあったことはいうまでもない。

中国は2015年5月、「中国製造2025」を発表した。これは、西暦2025年までにハイテク製品の重要部品である半導体などの国産化率を70%にするという宣言で、さらに具体的な国家戦力として五つの基本方針と四つの基本原則を掲げ、中国建国100周年の2049年までに実行すべき3段階の戦略もあげている。

その三つの段階とは、第1段階として2025年までに中国が製造強国の仲間入りをし、第2段階で製造強国の中位となって、第3段階で製造強国のトップになるというものである。

「中国製造2025」は、まさにその第1段階に位置づけられており、半導体などの「次世代情報技術」の他にも「高度なデジタル制御の工作機械・ロボット」「航空・宇宙設備」「海洋エンジニアリング・ハイテク船舶」など10の重点分野と23の品目を具体的に設定して、その品目ごとの国産化率の目標も定められている。

さらに、国をあげての関連産業に対する金融支援や技術向上支援などの施策も次々と打ち出した。もしも目標数値を本当に実現することができれば、中国はアメリカを抜いて、まさに世界第1位の技術大国となる。

## 「世界の部品組立工場」だった中国

中国が自国製造にこだわるのは、冷静な経済分析を行なっているからだといえる。先にも述べたが、中国は改革開放政策でGDPを押し上げることに成功したものの、その具体的な中身を見ると、インフラ整備や工場の設備投資に偏るものだった。特に中国は廉価な労働力を武器に海外からの投資を招き寄せ、製造業などの工場を乱立させていった。しかし、そこで作られていたのは海外から持ってきた部品をただ組み立てるだけのものだった。

2012年9月、日本政府が尖閣諸島を国有化することを閣議決定したことが原因となり、中国各地で反日デモが起こった（この反日デモもハザールマフィアが工作員を使って煽動させたものである）。日本製品のボイコットが叫ばれたが、それを叫んでいる中国人が手にしているスマホやパソコンの部品がほとんど日本製だったという笑えない話もあるほどだ。そのころの中国は自国ですべて製造できる製品がなかったのだ。

そのため、特に未来の産業を担うハイテク製品において、重要部分を日本やアメリカの技術や製品に依存することへの危惧があった。もしも日本やアメリカからの主要部品の供給が止められたら、その時点で中国の製造業がストップしてしまう。

中国企業がさらに世界展開するためにも、外国に頼らない自国の製品を開発していくことがどうしても必要だった。「中国製造2025」における五つの基本方針を見ても、これまでの中国製造業が抱える問題点を指摘し、改善しようという意欲がよく表れている。その五つの基本方針とは、「イノベーション駆動」「品質優先」「環境保全型発展」「構造の最適化」「人材本位」というものだ。一昔前まで「Made in China」と明記されている中国製は、イコール低品質というイメージが強くあった。しかし、政府が主導して中国製に対するそんなイメージを払拭することで、先進技術立国としての中国の存在意義を世界にアピールしようと計画した。

そのために、中国政府はたとえ一時的に経済成長率が低下したとしても、技術と研究開発に投資する道を選んだともいえる。長期的に見れば中国の発展に繋がると判断したのだ。その決意の表れが「中国製造2025」だった。

## 「5G」「AI」ハイテク分野でアメリカを猛追

「中国製造2025」による中国の「技術」分野への進出は着々と進行しつつある。先に述べたとおり、ファーウェイによる国際特許出願件数が2018年に過去最高の5405件となり、2年連続の第1位となっているのも、イノベーションを推進した成果に他ならない。国際特許出願件数を国別に見てみても、中国は前年比プラス9・1%の第2位で、前年比マイナス0・9%の第1位アメリカに迫る勢いだ。

特に通信分野では、第5世代移動通信システムと呼ばれる「5G」の開発が世界中で推し進められているが、その関連の特許の37%をファーウェイなどの中国企業が保有している。アメリカは5Gに関してもなんとかして中国勢力を排除したいと思っているようだが、すでに中国の技術を抜きにして開発を進めていくことが不可能な状態にあるともいえる。

人口知能（AI）の分野でも同様である。すでに人工知能に関する論文の数はアメリカよりも中国の方が上回っており、人工知能に関連する特許出願数もここ5年で7倍に増加し、第1位のアメリカに猛追している。中国は「中国製造2025」のもと、国家ぐるみで研究を支援していることもあり、この分野でもアメリカを追い越す日はそう遠くはないだろう。

こうした技術研究開発の発展を可能にしたもう一つの要因として、中国が「中国製造2025」を発表する前から人材育成に力を注いできたことも大きい。

すでに中国は胡錦涛政権の2008年に「千人計画」と呼ばれる「海外高度人材の招致計画」を発表し、2012年には「万人計画」と呼ばれる「国家高度人材の特殊支持計画」を策定した。これらは海外から優秀な頭脳を持った人材を、厚遇で中国に招こうという計画であり、その最終目的は中国で人材を育てることにあった。

その成果は教育機関である大学にも表れている。2019年9月11日にイギリスの教育専門誌「タイムズ・ハイアー・エデュケーション」によって発表された「世界大学ランキング2020」によると、トップ200に入った中国の大学は7校あり、清華大学が23位でアジアの首位となっている。

ちなみに、日本の大学は36位の東京大学と65位の京都大学の二つしか入っていない。中国の人材教育に対する充実ぶりがこれを見ても分かるだろう。

また、国内だけでなく海外で学んだ優秀な中国人留学生も厚遇で迎えられることもあって続々と帰国しつつあり、ここ5年でその数が231万人を超えているという。

優秀な頭脳の人材をそろえ、「中国製造2025」政策による関連産業に対する資金援助や技術の向上支援などが行われている現状を考えれば、「中国製造2025」の目標達成も決して実現不可能なことではないといえる。

## トランプの狙いは「中国製造2025」つぶし

しかし、中国の「技術」分野に対する進出に対しても、ハザールマフィアが快く思っていないことは確かだ。

2012年、売上高で世界最大の通信機器メーカーとなったファーウェイに対し、アメリカの下院情報特別委員会は同年10月8日、同じ中国の通信機器メーカーであるZTEとともに、両社の製品をアメリカ政府の通信システムから排除するように求める報告書を提出した。両社の製品からアメリカ政府の技術や情報が盗まれて中国政府に流されているというのが、その理由だった。

さらに2016年、シリアやイラン、北朝鮮、キューバなどの反米国家にアメリカの技術を提供したとして、ファーウェイとZTEの両社にアメリカへの輸出規制がなされた。米中貿易摩擦が激化する2018年から2019年にかけては、両社の製品を事実上禁輸とする措置まで発表され、ファーウェイの製品が中国のスパイ活動に使われているとして、その証拠が示されているわけでもないのに、同社の製品を使用しないよう世界各国に呼びかけることまで行なわれている。

その上、ファーウェイの創業者である任正非の娘で、同社の副会長兼CFO（最高財務責任者）の孟晩舟《もうばんしゅう》が2018年12月1日、アメリカからの要請を受けたカナダ司法当局によってカナダのバンクーバー空港で逮捕された。容疑はアメリカ政府による対イラン独自制裁に違反して金融機関に虚偽の説明をしたなどというものだが、孟晩舟は無罪を主張し、2019年現在、アメリカへの引き渡しを認めるべきでないとしてカナダ当局と争っている。

ファーウェイはアメリカ企業との取引も厳しく制限され、スマートフォンの要といえるモバイルオペレーティングシステム（OS）にGoogleのAndroidも使用できなくなった。これら言いがかりともいえるアメリカからの攻撃は、安全保障上の問題であり、米中貿易摩擦の制裁措置ではないと説明されているが、実際はファーウェイを筆頭とする中国の次世代産業とその技術をアメリカ政府が狙い打ちしているに過ぎない。「中国製造2025」を妨害し、圧力をかけているのだ。

アメリカのトランプ大統領が米中貿易摩擦で中国を攻撃する真の狙いは、この「中国製造2025」つぶしにあるという意見まである。それほどまでにアメリカは中国の「技術」発展を恐れているのだ。

しかし、中国は決して怯むことはない。2018年、中国が同国に進出する外国企業から

## 「ファーウェイ事件」の背景にある
## 米中の「ハイテク覇権」戦争

２０１８年１２月、中国の通信機器大手ファーウェイ副会長・孟晩舟がカナダで逮捕される。孟晩舟の父で創始者の任正非は中国人民解放軍の元軍人であり、中国政府との結び付きが強い。ファーウェイは中国軍の電子化のために設立されたといわれ、「５Ｇ」などの米中のハイテク覇権争いで重要な鍵を握る企業といえる。

（出所）ファーウェイＨＰより

技術を盗んでいるいうアメリカの抗議を受けて、中国は技術移転の強要を禁止する法案をすみやかに成立させるなどして柔軟かつ譲歩ともとれる姿勢を見せたが、「中国製造2015」そのものを取りやめる素振りは見せてはいない。

ファーウェイも独自のOS「HarmonyOS」を発表し、Googleに頼ることなく売り上げを伸ばしている。

2019年5月、これまで積み上げてきた合意を白紙に戻すような内容を中国がアメリカに突き付けたことで米中貿易戦争が勃発したと第1章で述べたが、その背景にあるのは、「中国製造2025」の推進によって中国がアメリカのハイテク産業に負けない自信がついたことだともいえるのだ。

「技術」の分野でアメリカを追い越す日も近い。

## アメリカを本気にさせた中国の宇宙戦略

「軍事」の分野では、これまでアメリカが世界を圧倒してきた。特に冷戦終結後のアメリカは世界で唯一の軍事大国となり、その圧倒的な軍事力を背景に世界の警察官を自認するまでになった。ハザールマフィアは、このアメリカの軍事力を使って世界を脅し、牛耳ってきたともいえる。

しかし、財政難によってアメリカがこれまでのように世界の警察官であり続けること難しくなった。トランプもこの事実を認め、同盟国に対しても基地の経費負担や防衛費の増強を求めるほどになっている。

その間隙を縫うように、中国は軍事力を増強してきた。国防費を見ても年々増加しており、2019年には前年比7・5%増の1兆1898億元（約19兆8000億円）にまで膨らんでいる。アメリカの約80兆円にはとうてい及ばないものの、その規模の大きさは決して無視できないレベルであることは確かだ。世界各国の総体的な軍事力を分析・評価しているグローバル・ファイヤーパワーが発表した「2019年軍事力ランキング」を見ても、中国はアメリカ、ロシアに次ぐ第3位にランク付けされている。

しかも、中国はすでに核保有国であり、アメリカ本土にも到達可能な大陸間弾道ミサイルなどを開発していることも周知の事実だ。

軍事専門家の話を総合すると、アメリカと中国が核兵器を使用しない戦争をした場合、海上や島での戦いは海軍と空軍の分野で優勢なアメリカの勝利となるが、陸軍の分野では中国がインドと朝鮮半島に一斉に進軍し、一気に征圧するだろうという。

さらに中国が力を入れているのは「宇宙」だ。

現代の戦争は、すでに人工衛星などの宇宙技術がなければ成立しないようになっている。空母や潜水艦を展開させる場合、自分の位置を計ったり、敵の目標物に狙いを定めたりするには、GPSなどの衛星技術を使った通信システムが不可欠となっている。ドローンのような無人の軍事用飛行機も、その操作は通信システムによって行われており、兵器のハイテク化が進めば進むほど、通信システムに依存する度合いが増えていく。そして、その通信システムを宇宙から監視し、地上間でのやりとりを橋渡しするのが人工衛星だ。

2016年8月16日、中国は世界で初めての量子通信衛星「墨子号《ぼくし》」の打ち上げに成功した。量子通信衛星というのは「量子暗号」を搭載した人工衛星のことで、量子暗号とは量子力学の特性を利用することで第三者からの盗聴や解読を完全に防ぐことができる暗号化技術のことである。

続いて2017年9月30日、この量子通信衛星「墨子号」によって中国は、北京とオーストリアとの間で初めて量子暗号を用いた通信に成功する。

この成功はとても意義が深い。もしも量子暗号が実用化されることになれば、これを使った通信内容を誰からも盗まれることがなくなる。つまり、ハッキング行為ができなくなるということであり、これを軍事に転用すれば、敵からのハッキング攻撃を完全に防御できることになるからである。

この分野での中国の技術はすでにアメリカを越えているといってもいい。それはアメリカ自身も認めていることで、アメリカ科学振興協会が授与し、この分野のノーベル賞とも言われている2018年の「ニューカム・クリーブランド賞」が「墨子号」研究チームに贈られたのだ。

中国は宇宙での軍拡をさらに充実させるため、敵の人工衛星への攻撃や妨害が可能な衛星攻撃兵器（キラー衛星）だけでなく、地上から人工衛星を破壊するレーザー兵器の開発も進めている。

これらの脅威に対して、一番敏感なのは他でもない、アメリカだ。

トランプ大統領は2018年12月、アメリカ軍の中に「宇宙軍」を創設すると発表した。2019年8月29日にホワイトハウスで行われた宇宙軍の発足を記念する式典において、トランプは次のように述べている。

「宇宙軍は次の戦闘分野である宇宙で、アメリカの極めて重要な利益を守ることになる」

アメリカと中国との「宇宙戦争」は、これからますます熾烈を極めていくだろう。

以上、中国が国際金融システムを支配するハザールマフィアを打倒するために「金融」「通商」「技術」「軍事」といった分野で躍進してきたという事実を述べてきたが、もちろん、これらは単独ではなく、それぞれが連結している。

例えば、「通商」の分野で推し進められている「一帯一路」経済圏構想にしても、「金融」というバックアップがあり、「技術」に裏付けされ、「軍事」に守られているからこそ可能になるものだ。ハザールマフィアの本丸である「石油本位制ドル」も、「金融」「通商」「技術」「軍事」が一体となって初めて風穴を開けることができる。

そのために、中国はそれぞれの分野を同時に開拓していったといっていい。中国は本気なのだ。中国がハザールマフィアを押しのけて世界の覇権を握る日もそう遠くはないだろう。

しかし、ここまで中国の台頭を許してきたのは、ハザールマフィアの勢力が衰えているからだともいえる。次章ではこのハザールマフィアの衰退と抵抗について詳しく述べていくことにする。

# 第4章

# 権力の頂点に立つ「世界の黒幕」の正体

## 世界を操る狂気の支配システム

## 世界の富を独占する「ハザールマフィア」の正体

今、ハザールマフィアを中心に世界権力の頂点で変化が生じていることは間違いない。それを詳しく述べる前に、「世界の黒幕」であるハザールマフィアとは、そもそもどんな人間なのか、もう一度確認したい。

ハザールマフィアはこれまで述べてきたとおり、国際金融体制を支配下に置くロスチャイルド一族や石油ビジネスを牛耳るロックフェラー一族、戦争や内乱を画策してきたブッシュ一族などが、その核となっている。さらに、イギリスの王室を含めたヨーロッパの貴族やバチカンの勢力などもこれに加わっている。

彼らはイギリスの「シティ」を支配下に置いただけでなく、アメリカの「ワシントンD.C.」に「株式会社アメリカ」を設立することでアメリカを乗っ取った。さらに、FRB（連邦準備制度理事会）の株主となって、金本位制ドルから石油本位制ドルに切り替えることにより、ドルを基軸通貨にして莫大な利益を吸い取ってきた。

また、第2次世界大戦後の国際通貨体制を決定した「ブレトンウッズ協定」に深く関与し、日本を含めて世界中のほとんどの国の中央銀行を支配下に置いて私物化した。その莫大な資金をもとに、石油産業だけでなく、軍事産業や製薬産業など、あらゆる分野に事業を拡大して傘下に収めてきた。欧米や日本などの上場企業の多くは、すでに彼らの支配と管理の下に置かれているといってもいい。

ハザールマフィアは自分たちの利益を維持するためにあらゆる手段を使う。

例えば、21世紀に入ってからの世界的な株高も彼らの操作によるものだ。投資家による株式市場への資金投資は全体的に低下している。資金が入ってこなければ株価は下がっていくのが普通なのだが、逆に高くなっている理由は、FRBなどの中央銀行が株価を下支えしているだけでなく、企業による自社株買いがあるからだ。自分で自分の会社の株を買って価格を押し上げているのである。実体経済が冷え込む中で、なぜそんなことができるのかというと、支配下にある中央銀行が推し進める量的緩和と低金利政策によって、企業が自社株を購入する資金を調達できるからである。つまり、自分たちが私物化する中央銀行の資金で、自分たちが支配・管理する企業の株を買い漁って株価を上げているのだ。世界的な株高で儲かっているのは株主であるハザールマフィアだけ、という構図である。

その結果、世界の富が彼らにいっそう集中していった。国際NGOのオックスフォムの報告によれば、世界の富の約80%を、世界の人口の1%にあたる富裕層が独占しているとされる。だが、ハザールマフィアの数はわずか700人程度。世界の人口の0・

000001%に過ぎない。彼らこそが本当の意味で世界の富を独占している富裕層であり、表向きは世界の富を独占しているとされる1%の富裕層も、しょせんは彼らハザールマフィアに支配されているのだ。

それなのに、彼らの存在がこれまであまり知られてこなかったのは、財団などのカモフラージュを使って個人資産を隠していたり、自分たちは表に出ないで、陰で政治家や資本家などを操っていたりしていたからである。

## マスコミ支配と「5G」で民衆を洗脳

さらに、ハザールマフィアは大手マスコミも手中に収めている。

例えば、アメリカを見てみると、1990年代以降、急速にメディアの大型合併が加速して、現在は六つのグループに集約されている。「ワーナー・メディア」「ウォルト・ディズニー・カンパニー」「ニューズ・コーポレーション」「コムキャスト・NBCユニバーサル」「バイアコム」「CBSコーポレーション」の六つである。これらのグループを合わせるとアメリカのメディアの9割を占めることになるが、すべてブッシュ一族やロックフェラー一族などのハザールマフィアが莫大な資金を使って買収を繰り返した末に誕生したもので、実質的に彼らの支配下にある。つまり、アメリカの大手マスコミのほとんどはハザールマフィアに逆らえない状況になっているということである。その他にも教科書を発行する出版社を含めた教育機関やグーグル、フェイスブックなどのインターネット企業も同様にハザールマフィアの支配下に置かれている

彼らはこうした大手マスコミなどを使って情報を統制し、大衆を洗脳するとともに、自分たちの都合の悪い情報はすべて隠蔽してきた。それゆえに、ハザールマフィアの存在は陰に隠れることになり、世界中の人々は知らず知らずのうちに彼らに支配されてきたのだ。

しかも、ハザールマフィアはもっと直接的に人々を統制しようとさえ考えている。それが「5G」だ。

5Gとは第5世代移動通信システムと呼ばれているもので、現在、その実用化に向けて世界各国で急ピッチに開発が進められているが、これが実現するとこれまで以上に高速で大容量のデータを送ることができ、臨場感ある映像などが伝送できるようになる。

しかし、この5G向けの電波（周波数）は従来のものとは大きく違って、人体、特に脳に与える影響が甚大なのだという。5Gの技術開発に携わる海外の大手通信メーカーの幹部によると、5Gの電波は人間の脳内で観察される周波数に極めて近く、「人類のマインド・コントロールに利用される恐れがある」という。そのため業界内では「この危ない計画に関わ

りたくない」と多くの管理職が次々と辞表を提出しているのだとか。

さらにもう1人、私のもとに情報を寄せてくれた南アフリカの元秘密警察の人物が同じようなことを口にした。「5G導入を急ぐ真の目的は、支配階級による人類の統制である」と。彼によると、南アフリカの秘密警察は以前に、「黒人の行動規制」を目的とした電波実験を行ない、特定の周波数で暴動を誘発したり、逆に沈静化させたりできることが確認されたらしい。

まさに彼が言及した支配階級とはハザールマフィアのことであり、IT業界を牛耳るハザールマフィアはそこまで考えているということである。

## EUは「ナチス新帝国」として誕生した

世界各国の政治家もハザールマフィアの影響下にある。特に欧米の政治家は彼らの仲間であり、操り人形だ。

例えば、ヨーロッパを見てみると、39歳という歴史上もっとも若い年齢でフランス大統領に就任したエマニュエル・マクロンは、ロスチャイルドグループの銀行で副社長を務めていた経歴を持っている。そのことからも分かるとおり、彼はロスチャイルド一族側の人間であり、だからこそ39歳という年齢にもかかわらず、ハザールマフィアの代理人としてフランス大統領に押し上げられて当選することができたのだ。

ドイツのアンゲラ・メルケル首相も、ハザールマフィア側の人間であることが分かっている。ロシア当局を含む多くの情報筋によると、メルケルはあのヒトラーの娘だという。もちろん、メルケル本人もドイツ政府もそんなことを認めるはずはなく、メルケルの父親はポーランド系の牧師だとされている。

しかし、ナチスドイツの総統だったアドルフ・ヒトラーは第2次世界大戦中には死んでおらず、敗戦直前に秘かにドイツからノルウェーに脱出し、そこから南米に渡っていた。その逃亡中にヒトラーの精子が冷凍保存され、その精子を使って生まれたのがメルケルというわけである。ロシア当局は、その決定的な証拠も握っているとされている。

さらに、2019年7月にイギリスの首相を辞任したテリーザ・メイもヒトラーの精子を使って生まれたという驚愕の情報がロシア当局からもたらされている。それどころか、バルト3国の一つであるリトアニア共和国の第5代大統領だったダリア・グリバウスカイテもヒトラーの精子から生まれたという。

メルケルを含めたこの3人の女性が一緒に写っている若いころの写真も残されており、その撮影された場所は、イギリスのロンドンにある「タビストック人間関係研究所」というマインド・コントロールを研究する施設だとされている。この施設はロックフェラー財団が支援して設立されたもので、ハザールマフィアが自分たち側の人間を作るべくマインド・コントロールするための研究所である。

また、第2章でも述べたが、ハザールマフィアの一員であるブッシュ一族はヒトラーが総統だったナチスとの関わりが深く、戦後もその遺産を受け継いできた。そもそも、ヒトラーの野望の一つにヨーロッパを統一するということがあった。ヨーロッパを統一することで利益をより多く収奪するとともに、そこを拠点に全世界を支配しようとしたのだ。その遺志はブッシュ一族に引き継がれ、そうして誕生したのが欧州連合（ＥＵ）である。

ＥＵは２００２年に共通の通貨として「ユーロ」を導入したが、これを発行するのは欧州中央銀行（ＥＣＢ）である。当然のごとく、この中央銀行もハザールマフィアの支配下に置かれている。

そして、ＥＵを現在まで牽引してきたのが、ヒトラーの娘である、ドイツ首相のメルケルだ。ＥＵはハザールマフィアが支援して誕生したナチス新帝国といっても過言ではない。

とはいえ、そのＥＵは現在、イギリスの離脱問題などで大きく揺れている。このことについては次章で詳しく述べることにするが、ヨーロッパの各国はハザールマフィアに支配されているか、その影響下に強く置かれているということは確かである。

## 資金とマスコミの力で歴代大統領を支配

アメリカの大統領も歴代にわたってハザールマフィアに支配されてきた。

第2章で説明したように、金本位制ドルを捨てて石油本位制ドルに切り替えたリチャード・ニクソン大統領はブッシュ一族から支援を受けていた。政府紙幣を発行しようとして暗殺されたジョン・F・ケネディ大統領は反ハザールマフィアだったが、彼がハザールマフィアに反旗を翻すきっかけとなったのは1962年10月に起きた「キューバ危機」だったといわれている。

キューバ危機とは、アメリカの喉元にあるキューバにソ連の核ミサイルが配備され、米ソ冷戦が頂点に達して核戦争寸前まで迫った事件である。この事件をあおったのはハザールマフィアであり、そのことを知ったケネディが反ハザールマフィアに舵を切ったのだという。

このケネディ以外、共和党と民主党を問わず、特に第2次世界大戦後の歴代大統領がハザールマフィアの支配下にあったのは、アメリカの大統領選挙を勝ち抜くためにはどうしても資金の援助が必要であり、それと同時に世論を誘導するマスコミの力も必要だったからだ。資金とマスコミの操作はハザールマフィアがもっとも得意とすることである。

さらに、ハザールマフィアの一員であるブッシュ一族から2人の大統領も誕生した。特にパパ・ブッシュの息子ジョージ・W・ブッシュが第43代大統領に当選したときには、選挙に不正があったとして最高裁まで争われた。ブッシュ側が勝利はしたが、不正があったことは確実で、その不正にハザールマフィアが関与していたことはいうまでもない。

ちなみに、これ以降、アメリカも日本も選挙において票の「読み取り機」を電子化するなどして不正を行ない、たとえ不正が告発されてもハザールマフィアが握りつぶしてきた。

第42代大統領のビル・クリントンとその妻のヒラリー・クリントンも、ハザールマフィアであるロックフェラー一族だという情報がCIA筋から寄せられている。ビル・クリントンの父親はビルが生まれる3カ月前に自動車事故で死んだとされているが、本当の父親はアーカンソー州知事を務めたウィンスロップ・ロックフェラー（デイヴィッドの実兄）であり、ヒラリーの父親はロックフェラー家第3代当主のデイヴィッド・ロックフェラーだというのだ。つまり、クリントン夫妻は、ロックフェラー一族のいとこ同士の夫婦ということになる。

第44代大統領のバラク・オバマもアジアの王族を懐柔するためにハザールマフィアが用意した大統領だということは先に述べた。

ところが現大統領ドナルド・トランプだけは少し意味合いが違う。その詳細は後ほど述べるとして、ここではアメリカの歴代大統領がハザールマフィアの言いなりになってきたという事実をまずは確認してほしい。

## 「人工ハルマゲン」も辞さない悪魔信仰

そもそも私が「ハザールマフィア」と、「マフィア」に「ハザール」という固有名詞を付けて呼んでいるのは、彼らが「ハザール」の思想を非常に強く受け継いでいるからだ。ハザールとは7〜10世紀にカスピ海や黒海周辺で栄えた奴隷商人の国家のことで、その国の基礎となったのが悪魔信仰だった。

このことを説明しようとすると、すぐに日本人は「悪魔信仰？　そんなものあるわけないじゃないか」と一笑に付すか、眉をひそめてその先を聞こうとしなくなる人が多い。だが、ちょっと待ってほしい。ハザールマフィアの本質こそがこの「悪魔信仰」なのだ。これを理解しなければ、ハザールマフィアを本当に理解することはできないし、現在の世界情勢も理解できない。私の著作やメルマガを読んだことがある方はすでに知っているかもしれないが、重要なので改めて解説したい。

ハザールの国家宗教であった悪魔信仰は、一言でいえば、「神よりも上位にある悪魔を崇め、人間を家畜のように奴隷として扱う」というものだった。

ハザールの支配層は、その悪魔信仰に基づいて自分たち以外の人間を家畜のように扱った。

その後、ハザールは外圧を受けてユダヤ教に改宗し、ついには国家も滅亡したが、その悪魔信仰は脈々と受け継がれていった。17世紀になってサバタイ・ツヴィというトルコ出身のユダヤ人が現れる。悪魔を崇拝するサバタイは自らを「ユダヤ教の救世主である」と説き、急速に信者を獲得して、その数を100万人以上に膨らませた。しかし、彼の思想を危険視したトルコの皇帝により逮捕され、死刑を受けるかイスラム教に改宗するか、どちらかを選ぶように迫られる。すると、彼はあっさりとイスラム教に改宗する。だが、それは見せかけのことだった。彼はユダヤ教からイスラム教に改宗しても悪魔信仰だけは捨てず、それどころかイスラム教の内部に入り込んで、これを乗っ取ろうと画策した。

サバタイの死後も信者だった勢力が同じような手口を用い、他の宗教や組織に潜り込んでは乗っ取ることに成功する。彼らの目的は一神教であるユダヤ教やキリスト教、イスラム教の統一であり、世界を自分たちの勢力下に置くことにあったが、その根本的な考えにあるのは「自分たち以外の人間を家畜のように奴隷として扱う」という悪魔信仰であった。そして、この悪魔信仰の考えはヨーロッパの貴族だけでなく、ロスチャイルドやロックフェラー、ブッシュの一族などに受け継がれていき、ついには私のいう「ハザールマフィア」が形作られていったわけである。

これまで私は米中貿易戦争やアメリカの倒産を説明するときに、アメリカを支配しているハザールマフィアは自分たちさえ良ければアメリカ国民がどうなろうと知ったことではないと述べてきたが、それはまさにこの「悪魔信仰」に基づいたものだった。

しかも、彼らが恐ろしいのは、自分たち以外の人間は奴隷なので死んでもまったくかまわないと考えていることである。さらに、最終戦争といわれるハルマゲドンが起こっても自分たちだけは生き残ると信じており、それどころか自分たちでハルマゲドンを起こしてしまえとさえ思っている。まさに「人工ハルマゲドン」を目論んでいるのだ。

このような悪魔信仰を頭に入れて、これまでのハザールマフィアの悪行を振り返ってみると、とても分かりやすくなる。

ロスチャイルド一族が国際金融を支配できたのも、ナポレオン戦争や南北戦争、第1次世界大戦、第2次世界大戦といった戦争を利用してきたからだった。戦争でどんなに人が死のうと彼らは知ったことではない。自分たちが儲かればそれでいいのだ。

しかも、ブッシュ一族のナチス派ハザールマフィアは、中東をはじめ世界各国で戦争や内戦を起こすことで、ハザールマフィア全体の利益を維持しようとしてきた。彼らの行動を見ていると、単なる妄想ではなく、実際に第3次世界大戦を起こそうとしているのが分かる。

その上で、増え過ぎた人類を抹殺し、生き残った者を家畜として自分たちが支配する新しい世界を創出しようとしているのだ。

ケネディが反ハザールマフィアになるきっかけとなったキューバ危機で、ハザールマフィアはアメリカとソ連が核戦争をしてもいいと思っているどころか、それをけしかけようとした。だから、ケネディはハザールマフィアに反旗を翻すことを決断したのだ。

## 米露中の軍上層部が「第3次世界大戦」を阻止

しかし、ここに来て、ケネディと同じように、ハザールマフィアの悪魔信仰に対して危機感を持つ反対勢力が生まれつつある。

その一つが中国だ。

ハザールマフィアは有色人種であるアジア人をはなから人間扱いしていない。アジア人たちを劣悪な環境で働かせても何の疑問も持たない。中国などは単なる部品を組み立てる工場としか思っていなかった。しかし、第3章で述べたとおり、中国は自分たちがただの部品組立工場に過ぎないことに気づき、そこから抜け出そうとしている。ハザールマフィアの本丸である金融支配システムにも果敢に挑戦状を叩き付けた。

さらにもう一つ、ハザールマフィアの悪魔信仰に危機感を覚えた勢力がある。それはアメリカをはじめとする各国の軍だ。

特にアメリカやロシア、中国の軍の上層部は、もしも第3次世界大戦が勃発したらどうなるか、そのシミュレーションを何度となく行なってきた。その結果はいつも同じだった。核戦争にまで発展した場合、「人類の9割が消滅し、北半球に人が住めなくなる」というものだ。

実際に戦闘の前線に立つ軍だけに、そのシミュレーションの結果はリアリティがあるものとして受け止められた。軍部の中でも良心のある軍人たちは特に危機感を覚え、第3次世界大戦だけは絶対に阻止しなければならないと、国境を越えて秘かに連帯し合うまでになっている。

ハザールマフィアはこれまでアジア人を見下してきたように、軍人に対しても同様の態度を取ってきた。軍人は我々の命令に従うだけのただのバカの集まりだとしか思っていなかった。しかし、中国と同じように、良心派と呼ばれる軍人たちは核戦争も辞さないハザールマフィアのやり方に、はっきりと「ノー」の意思表示をしたのだ。

## トランプ大統領を誕生させた「愛国派軍部連合」

ドナルド・トランプをアメリカ大統領に押し上げたのは、ハザールマフィアの悪魔信仰に危機感を覚えたアメリカ軍の良心派と呼ばれている軍人たちだった。彼らはブッシュ一族が支配するナチス派ハザールマフィアの従順な手先であるCIA（中央情報局）やNSA（国家安全保障局）、FBI（連邦捜査局）のキャリア官僚を巻き込んで一つの勢力を作った。この集合体を私は「愛国派軍部連合」と呼ぶことにする。

2016年、アメリカの大統領選は共和党のトランプと民主党のヒラリー・クリントンとの戦いだったが、下馬評ではヒラリーの圧倒的優勢が伝えられていた。ヒラリーは先にも説明したとおり、ハザールマフィア側の人間である。ハザールマフィアからすれば、トランプは単にヒラリーの引き立て役でしかなかった。それにトランプは数々のスキャンダルを抱えており、いつでも排除できる存在だと軽んじていた。ハザールマフィアの傘下にある大手マスコミも世論を操るためにヒラリーの優勢を喧伝し、トランプの過去のわいせつ発言などを取り上げて、彼に対するネガティブキャンペーンを展開した。

ところが、これに対抗したのが愛国派軍部連合だった。彼らはヒラリーが国務長官時代に私設メールサーバーを通じて仕事のやり取りをした「私用メール問題」などをマスコミにリークする。大手マスコミは、最初は無視していたが、インターネットによって広く国民に知れ渡るようになり、取り上げざるを得なくなった。

しかも、アメリカ国民は大手マスコミに徐々に不信感を募らせていった。大手マスコミが流す情報よりも、「それはフェイクニュースだ！」と開き直ったトランプの言うことを信じるようになっていく。これもまたインターネットの普及が大きな要因の一つだが、大手マスコミが流す情報に疑問を持つ人が増えていったのだ。

さらに、ハザールマフィアは電子投票システムに細工をする不正選挙を画策するなど、数々の妨害工作を行なったが、愛国派軍部連合がすべて未然に阻止。ハザールマフィアの工作からトランプを守り続けた。

アメリカ経済は疲弊しており、現状に不満を覚える中間層や産業空洞化で職を奪われた貧困層も一斉にトランプ支持に回った。その結果、トランプは当初の下馬評を覆し、アメリカ大統領に当選したのである。

## 米軍とハザールマフィアに二股をかけるトランプ

ハザールマフィアはトランプの大統領当選を茫然と眺めていただけではなかった。

大統領選挙でトランプの当選が確実になった2016年11月8日から3日後の11月11日、オバマ政権の国務長官を務めるジョン・ケリーが南極を訪問した。表向きはオバマ大統領が推し進めてきた気候変動対策をアピールするためとされているが、真の目的はその陰で行われた秘密会議に参加するためだった。その会議にはアジアやイギリスの王族関係者などが出席し、トランプ大統領の当選について話し合いが持たれた。私が取材で得た情報では、ハザールマフィアはトランプの当選に「ＯＫ」を出したということだった。

トランプはハザールマフィア側の人間ではまったくなかったが、ビジネスマン時代に何度となく事業で失敗したとき、手を差し伸べて助けたのがハザールマフィアのロスチャイルド一族だった。さらに、トランプは先ほども述べたように数々のスキャンダルを抱えており、ハザールマフィアもそれを熟知している。ハザールマフィアは、スキャンダルを脅しに使えば大統領になってもトランプを操作することが可能だと判断したのだ。

案の定、大統領に当選した後のトランプを見ていると、あるときは反ハザールマフィアであるアメリカ軍の意向を重視した発言をしたかと思えば、その舌の根も乾かないうちにハザールマフィアの利益を代弁する発言をしている。トランプはその時々にどちらの味方もするあやふやな存在であり、逆にいえば、どちらからも使いやすい存在だといえるのだ。トランプ本人にしても自分が生き残るためにはハザールマフィアと反ハザールマフィアに二股をかけるしかない。

しかも、トランプの側近には娘婿のジャレッド・クシュナーがいる。彼は敬虔なユダヤ教徒であるばかりでなく、狂信的な思想を持つユダヤ教の過激派「チャバド」の信奉者だ。チャバドたちは悪魔信仰者で、ハザールマフィアと同じ思想を持っている。つまり「人工ハルマゲドンを勃発させ、人類の9割を抹殺して残りの人々を家畜にする」と考えている。トランプはクシュナーを大統領上級顧問に指名すると、軍や当局の反対を押し切って「最高レベルの機密情報にアクセスする権限」を与えさえした。ハザールマフィアはクシュナーを通して、トランプをいつでもいいように操る準備を整えているのだ。

## ロックフェラーとパパ・ブッシュの死

とはいえ、トランプのようなハザールマフィアの息がかかっていない人物がアメリカの大統領になること自体、これまでなら考えられないことだった。また、いくらアメリカ軍の良心派が抵抗したとしても、それを押さえる力がハザールマフィアにあったことも事実だ。しかし、そのような力がなくなったということは、ハザールマフィアの権威が急速に衰えている証拠だといえる。

その象徴といえるのが、ハザールマフィアの領袖の1人であるデイヴィッド・ロックフェラーの死だ。彼はロックフェラー家第3代当主として石油本位制ドルの確立のために暗躍し、ハザールマフィアを牽引してきた。その彼が2017年3月20日、101歳で没する。

さらに、ナチス派ハザールマフィアを率いるブッシュ一族の長であるパパ・ブッシュこと、第41代大統領ジョージ・H・W・ブッシュも2018年11月30日、この世を去った。享年94。ちなみに彼の妻であり、第43代大統領ジョージ・W・ブッシュの母親であるバーバラ・ブッシュも同年4月17日に死去している。彼女の父は史上最大の悪魔崇拝者として有名な黒魔術師アレイスター・クロウリーだといわれている。

第2次世界大戦後のハザールマフィアの発展に寄与してきた領袖たちの死は、ハザールマフィア内部で世代交代が始まっていることを意味している。すでにハザールマフィアの幹部だった者たちも次々と失脚したり、死亡したりしている。その中には暗殺されたと思われる者もいる。

じつは、ハザールマフィアも決して一枚岩ではない。2000年のアメリカ大統領選挙は、パパ・ブッシュの息子である共和党のジョージ・W・ブッシュと民主党のアル・ゴアとの戦いだったが、ゴアの後ろ盾になっていたのは「温暖化派」ともいわれるイギリス王室を中心としたヨーロッパのハザールマフィアたちだった。彼らは地球温暖化を唱えて、温室効果ガス排出権の取引や世界各国から環境税を徴収することで自分たちの利益にしようと企んでいた。ただし、環境税自体は良いアイデアだと私は思う。その税金で開発途上国に広がる森を守ろうとした。そこに住む人間を殺してもいいというナチス派とは大きな違いである。

しかし、結局はブッシュ一族が支配するナチス派ハザールマフィアが実力行使に打って出て、不正選挙をしてまでジョージ・W・ブッシュを大統領に当選させた。

この温暖化派とナチス派の対立はハザールマフィアの主導権争いともいえるが、これ以降、両派は対立を深めていくことになる。温暖化派が主導したパリ協定の採択にオバマ大統領は賛成したが、トランプが大統領になったとたん離脱を表明したことを見ても、いまだに両者の駆け引きは続いているといえるだろう。

歴史的に見ても、ハザールマフィアの権力構造は常に一定だったわけではない。金融システムを支配下に収めていったころはロスチャイルド一族が中心だったが、石油本位制ドルの確立あたりからロックフェラー一族に中心軸が移り、80年代以降はブッシュ一族のナチス派が主導権を握ることになった。

しかし、どの時代でもその根底に悪魔信仰があったことに変わりはない。ハザールマフィアは今でも悪魔信仰をもとに世界を制覇しようと考えている。

ただし、デイヴィッド・ロックフェラーやパパ・ブッシュの死が象徴するように、ハザールマフィアは今、一つの時代を終え、次の時代に移ろうとしている。しかも、ハザールマフィアの本拠地ともいえるアメリカは財政悪化と貿易赤字を抱えて倒産寸前にあり、これまでのようにハザールマフィアを全面的に支援していくことができなくなった。さらに、インターネットが発達したおかげで、大手マスコミによる民衆の世論操作も難しくなってきている。

そんな状況だからこそ、中国やアメリカ軍の良心派を中心とした「愛国派軍部連合」の勢力が台頭し、ハザールマフィアの地位を脅かそうとしている。ハザールマフィアもこの新しい勢力に対して必死の防戦を強いられているというのが現在の状況なのだ。

## ノートルダム大聖堂炎上の「真犯人」

２０１９年４月15日、フランスの首都パリにあるノートルダム大聖堂が炎上した。ノートルダム大聖堂は、ローマ・カトリック教会において、バチカンにあるサンピエトロ大聖堂に次いで重要とされる聖堂である。ノートルダムとは「私たちの貴婦人」という意味であり、聖母マリアを指している。ノートルダムはマリア信仰の最も重要な聖地でもあるのだ。それだけにノートルダム大聖堂の炎上はローマ・カトリック教会の信者ばかりでなく、世界中の人々に衝撃を与えた。

この火災は悪魔信仰に傾倒するハザールマフィアが自分たちの生き残りを図るための儀式だった、とＣＩＡやイギリスの秘密情報部（ＭＩ６）をはじめとする複数の欧米当局筋の情報として伝えられている。

大手マスコミは「修理工事用のエレベーターで生じた電気ショートが火災の原因である可能性が高い」などと偶発的な事故として報道したが、この火災は明らかに放火によるものだ。

それを裏付ける映像もユーチューブで確認できるので、興味のある人は実際に見てほしい。

(https://www.youtube.com/watch?v=IZ8rN0o_lUw&feature=youtu.be)

これはフランスの反政府活動家が入手したもので、火の手があがる直前の4月15日夕方17時5分ごろの映像なのだが、ノートルダム大聖堂にある改修中の屋根の上に組まれた足場付近に人影が映り込み、動画開始から8秒後と21秒後に2回、発火の光が確認できる。

ここまで明らかな証拠があるのに、捜査を担当したフランスの検察は、いまだに火災原因の具体的な結論を出していない。検察は放火だと分かっていながら、真犯人を隠すため、原因を特定せずに捜査を終了してしまう。ハザールマフィアの手先であるマクロン大統領が陰で糸を引いている可能性がある。

他にも偶然としては出来過ぎていることがある。

その一つはノートルダム大聖堂の火災が発生したちょうどそのころ、オバマ前アメリカ大統領夫人であるミシェル・オバマを含む欧米のエリートたちがセーヌ川で船上パーティを開いていたことだ。そこはまさに火事を眺めるのに絶好の場所だった。彼らはあらかじめこの火災が起きることを知っていた可能性が高い。

また、ノートルダム大聖堂を飾っていたガーゴイルが修復作業のために一時的に運び出されていたというのも偶然とは考えにくい。ガーゴイルとは雨どいの機能を持つ、怪物などをかたどった彫刻のことだが、一種の火災よけの意味もある。そのガーゴイルが火災発生の4日前に運び去られていたのだ。

しかも、日本ではほとんど報道されていないが、ノートルダム大聖堂で火災が発生した、まさにその日のほぼ同じ時刻に、パリから約3300キロも離れたエルサレムで、イスラム教において3番目に神聖な場所とされる「アル＝アクサー・モスク（銀のドーム）」に火災が発生していた。こちらの被害は軽微だったが、同じ日の同じ時刻にキリスト教とイスラム教の重要な聖堂が炎に包まれたということも偶然として片付けるには出来過ぎである。

## 宗教で世界を管理する「バチカン」の正体

欧米当局筋の情報によると、ノートルダム大聖堂への放火は、ハザールマフィアが崇拝する悪魔に聖堂を捧げて力を授かるための儀式だったという。

じつはローマ・カトリック教の総本山であるバチカンは、ハザールマフィアの一員でもある。これには説明がいるだろう。バチカン市国はイタリアのローマ市内にありながらイタリ

## ノートルダム大聖堂炎上
## 原因を放火と特定する証拠映像

ユーチューブにアップされた、ノートルダム大聖堂の火災原因を放火と裏付ける映像。改修中の屋根に組まれた足場の上に人影が映り、発火の光を２回ほど確認できる。検察は放火の可能性を否定したが、具体的な原因は特定せずに捜査を終了した。この検察の不自然な動きに、今回の火災は「政府による自作自演」を疑う声も上がっている。

（出所）YouTubeより

アに帰属していない。ローマ法王が統治する世界最小の独立国家である。このような特別区はイギリスにおける「シティ」とアメリカにある「ワシントンD.C.」があるが、この二つがそれぞれハザールマフィアの金融部門と軍事部門を担当しているように、このバチカン市国は宗教を通して世界を管理しようというハザールマフィアの思想の部門を担当してきた。

さらに、ハザールマフィアはローマ法王庁の資金管理と運営を行うバチカン銀行を使って、大国の元首や大企業の経営者たちを自分たちの勢力に取り込んでもきたのだ。

その手口はこうである。ある人物が大国の大統領なり首相なりに就任すると、バチカン銀行の関係者が訪ねて来て通帳を渡す。その通帳にはすでに何百億円もの額が入金されており、「この金を受け取って自分たちの一員になるか、この金を拒否して暗殺されるか、どちらかを選べ」と説明する。独立国家であるバチカンの中にあるバチカン銀行には他国の捜査機関は原則として指一本触れることができない。つまり、その金を受け取っても絶対に露見することも、罪に問われることもない。その上、この金を受け取らないと命を奪うとまで脅される。この金を拒否する者がいるだろうか。ハザールマフィアはこうやって大国の首脳や大企業の経営者を自分の勢力に取り込んできたのだ。

ところが近年、そのバチカンが中国と急接近する。中国とバチカンは1951年に国交を断絶しており、バチカンは中国共産党公認のカトリック教会（中国天主教愛国会）の司教を長年にわたって認めてこなかった。しかし、２０１８年に入ると、バチカンと中国政府が司教選任について事実上の合意に達する。さらに、中国の習近平国家主席が２０１９年の最初の外遊地に選んだのは、アメリカではなくイタリアだった。中国国家主席のイタリアへの訪問は10年ぶりのことであり、習近平がこの外遊でローマ法王と面談したという事実は確認できていないが、少なくともバチカン上層部との接触はあっただろうと思われる。

ハザールマフィアはこの動きを見て動揺していた。バチカンが、中国とその後ろにいるアジアの王族や結社と和解し、自分たちを裏切ろうとしているのでないかと疑い始めたのだ。

このような背景のもと、ハザールマフィアはノートルダム大聖堂に火をつけ、悪魔への捧げものとした。それと同時に彼らはイスラム教の聖堂にも火をつけたのだ。

## キリスト教とイスラム教の対立を煽動

ノートルダム大聖堂の火災発生と同時刻に起こったイスラム教の聖堂アル＝アクサー・モスク（銀のドーム）での火災も、ハザールマフィアの犯行なのは間違いない。

彼らは、カトリックやイスラム教の聖地とされる場所を放火することで、一神教の２大派閥であるキリスト教とイスラム教との間に宗教戦争を勃発させようとした。それは、人工ハルマゲドンを起こすためだ。

ノートルダム大聖堂の火災について、イスラム過激派の犯行だと示唆するマスコミの報道も見られた。これもキリスト教とイスラム教の対立をあおりたいハザールマフィアの策略である。アル＝アクサー・モスクの火災についても、イスラエルの犯行だとすることで、中東アジアの対立をいっそう深刻化させようとする狙いがあった。

このようなハザールマフィアの行動は私たち一般人には理解しがたいことかもしれないが、狂信的な悪魔崇拝者である彼らの思考回路には、競合する別の神々を倒し、排除していくことが重要事項の一つとして組み込まれている。今後も同じような聖地に対する攻撃が続けられていくだろう。

現にノートルダム大聖堂の火災が発生して1週間も経たない4月21日、インド洋の島国スリランカにおいて、最大都市コロンボなど3都市でキリスト教会を含む計8件の爆発があり、多数の死傷者を出した事件が発生している。その日はキリストの復活を祝う復活祭（イースター）だった。

とはいえ、ノートルダム大聖堂の炎上は失敗だったといわざるを得ない。マクロン大統領の辞任を求める現地の「黄色いベスト運動」の活動家たちによると、すでにフランス市民の間では「ノートルダム大聖堂の火災はマクロンをはじめとするフランス政府の自作自演ではないか」と疑う声がＳＮＳなどで広まっているという。アメリカ同時多発テロ事件のときは、当時のブッシュ大統領がアメリカ国民の団結を求め、支持率が急上昇したが、今回のノートルダム大聖堂の火災については、「大聖堂の再建」を高々と国民に宣言したものの、マクロンの支持率はいっこうに上がらず、２割しかないままだった。世論はすでにハザールマフィアの思うとおりには操作できなくなっているのだ。

## 悪魔の儀式として「アメリカ・イラン戦争」勃発

何度もいうようだが、悪魔信仰の考えは私たち一般人には理解しがたい。しかし、悪魔信仰を理解しないとハザールマフィアの行動が読み取れない。例えば、悪魔崇拝者は毎年夏至になると火を用いる盛大な「儀式」を執り行う。２０１９年の夏至にあたるのは6月21日だが、この日の前後にもさまざまな事件が起こった。夏至の翌日である6月22日、アメリカのペンシルベニア州フィラデルフィアで石油精製所が爆発し、大火災が発生した。それは、まさに「儀式」にふさわしい炎の舞だった。

しかし、その日に予定されていた、彼らにとっての最大のイベントは見事に失敗した。それは何かというと、「アメリカとイランとの戦争勃発」だった。

現在、アメリカが制裁もしくは攻撃を続けている国はロシア、ベネズエラ、イランなどだが、これらの国は石油や天然ガスなどのエネルギー資源を大量に保有している。だからこそ、石油市場を独占したいハザールマフィアは、資源を奪うためにこれらの国をアメリカに攻撃させているのだが、第2章で説明したように今のところあまりうまくいっていない。それでもハザールマフィアは、なんとかして自分たちの地位を維持しようと、これらの国への攻撃をやめようとしない。必死にあがいている。

２０１９年6月21日の夏至の直前にイランとアメリカの間に何があったのか、ここで説明しておこう。まず、6月12～14日の日程で日本の安倍晋三首相がイランを訪問し、イランとアメリカの緊張緩和や関係改善の仲介役を果たすべく、最高指導者であるアリ・ハメネイ師とハッサン・ロウハニ大統領と会談を行なった。しかし、安倍首相がトランプ大統領のメッセージを伝えようとすると、イラン政府は「トランプ大統領と交渉するつもりはない」と拒絶。訪問中の13日、安倍首相の仲裁をあざ笑うかのようにイラン沖合のオマーン湾で日本企業の石油タンカーなど2隻が攻撃を受けるという事件が発生した。

じつは、この事件が起きる少し前からイランは激しい攻撃を受けていた。6月5日にイラン最大のコンテナターミナルであるシャヒド・ラジャイ港で大規模な爆発が発生し、石油貯蔵施設が燃えて、相当な損害が生じた。また、その2日後の6月7日にはイランの貨物船6

隻が「何者かが仕掛けた発火装置」によって、ほぼ同時に放火されている。

しかし、これらの事件に対してイランはアメリカの工作だなどと非難することはなく、報復攻撃をするようなことも一切なかった。

そこで、肩透かしを食らったアメリカは、安倍首相の訪問を利用して日本企業の石油タンカーを攻撃し、日本を巻き込む形でイランの仕業に見せかける工作をした。そうすることで、再度、イランとの緊張を高めようとしたのだ。これが、6月13日のオマーン湾での日本企業石油タンカー攻撃事件の真相である。

だが、日本企業の石油タンカーを攻撃したのはイランだとアメリカがいくら強く非難しても、国際世論はアメリカに追随しなかった。日本の当局筋によると、日本もこのタンカー攻撃はイランの仕業に見せかけたアメリカの工作だと分かっていたという。

このように、度重なる挑発に乗ろうとしないイランに対して、アメリカは夏至が迫る中、無人偵察機によってイラン領空を侵犯した。イランはこれをただちに撃墜したことを6月20日に発表するとともに、「無人偵察機とは別に35人が乗っていたと見られるアメリカの哨戒機も領空を侵犯したが、無人偵察機を撃墜することで警告にとどめ、哨戒機に対する攻撃は思いとどまった」とも説明した。

これに対して、アメリカは無人偵察機が飛行していたのはイラン領空ではなく、国際空域だったと主張してイランを激しく非難した。

この時点で、アメリカがイランに大規模攻撃を仕掛けることも可能だったろう。撃墜されたのは日本企業の石油タンカーではなく、アメリカ軍の無人偵察機だ。アメリカがイランを攻撃する大義名分になる。

ペンタゴン（アメリカ国防総省）の情報筋によると、このとき、トランプは実際にイランへの大規模攻撃をアメリカ軍に命じたのだという。まさに、ハザールマフィアが夏至の日に予定していた「アメリカとイランとの戦争勃発」が実現しようとした瞬間だった。

しかし、アメリカ軍がその命令に従わなかった。「大量の犠牲者が出る」と、アメリカ軍の「愛国派軍部連合」上層部がトランプを説得したのだ。トランプも承諾せざるを得なくなり、記者団の前で「無責任で愚かなイランの誰かが間違って起こしたものだろう」として、今回の事件を重大視しないことを表明することになった。

夏至の日にハザールマフィアが起こそうとした「儀式」は、こうして失敗したのだ。

## アメリカの挑発に乗らず、戦争を回避するイラン

アメリカの無人偵察機をイランが撃墜した事件には、大手マスコミでは報じられていない

情報がある。ペンタゴンの情報筋によると、撃墜された偵察機近くを飛行していたアメリカ軍の哨戒機については、アメリカ軍の良心派がイラン軍にその飛行目的を前もって連絡していたのだという。

哨戒機とは海の中に潜っている潜水艦を見つけて攻撃する軍用機のことだが、このとき、アメリカ軍の哨戒機はオマーン湾とホルムズ海峡に潜航中のイスラエルの潜水艦を追っていたのだ。ハザールマフィアの手先であるイスラエルのベンヤミン・ネタニヤフ首相は、第3次世界大戦を引き起こしたいと思っている過激派である。イランとの戦争に持ち込んで大戦を勃発させる工作を幾度となく行なってきた。そのために、アメリカ軍はイランに面しているペルシャ湾やオマーン湾に潜航するイスラエルの潜水艦の動きに注意を払っていたのだ。

だからこそ、アメリカ軍から哨戒機の飛行目的を前もって知らされていたイラン軍は、領空侵犯をした無人偵察機を撃墜しても、哨戒機に攻撃をしなかったのだ。

このように、アメリカ軍とイラン軍の良心派は、アメリカによる度重なる挑発に乗らないよう、秘かに連絡を取り合っている。もちろん、アメリカ軍やイラン軍の中にもハザールマフィアの考えに同調し、戦争を起こしたいと考えている者も多くいるが、良心派が寸前のところで戦争勃発を食い止めているのが現在の状況だ。

それゆえに、2019年9月14日に発生したサウジアラビア石油施設攻撃においても、アメリカがイランの仕業だと主張しても、イランはその挑発には乗らなかった。10月11日、サウジアラビア沖でイラン船籍の石油タンカーが何者からに攻撃を受けて爆発、炎上した事件でも、イラン政府は「外国政府が関与している」と述べるにとどめ、それ以上の言及を避けている。イランも、ハザールマフィアの挑発に乗っても相手の利益になるだけで自分たちには何の得にもならないことを知っているのだろう。ハザールマフィアの手口はすでに見透かされているのだ。

## 暴走するイスラエル「米露戦争」を画策

ハザールマフィアの手口はすでに見透かされているにもかかわらず、それでも彼らはあきらめようとはしていない。最後のあがきのようにも見えるが、中国などのアジアに覇権を奪われる前に、なんとしても第3次世界大戦を起こして人類の大部分を殺し、生き残った者を自分たちの家畜にして、永遠に権力を維持したいと思っているのだ。

その悪あがきを繰り返しているのが、ハザールマフィアの手先であるイスラエルのネタニヤフ首相だ。現在、新政権の組閣作業に失敗したために行われた総選挙でも過半数が取れず、長らく手にしていた権力の座から滑り落ちようとしているが、それでもまだイランとの全面戦争を懸命に呼びかけている。イスラエルの諜報機関モサドとつながっているインターネットサイトの「DEBKA」は「イスラエルとサウジアラビア、アラブ首長国連邦（UAE）の同盟軍がイランを攻撃する」とか「イランとイスラエルの全面戦争は必至」などというプロパガンダばかりを行なっている。これもまた、ハザールマフィアのあがきだといえよう。

しかも、ネタニヤフ首相が率いるイスラエルは、アメリカとロシアとの戦争に発展したかもしれない事件を起こしていたのだ。

2019年7月1日、北極海の一部であるバレンツ海でロシアの潜水艦に火災が発生し、乗組員14人が死亡した。ロシアはこの事実を認めたが、軍事機密であるため、潜水艦の種別や事故の詳細は公表を控えるとした。この潜水艦はロシア北方艦隊に所属する原子力潜水艦だと見られている。

当然ながら、これは単なる火災事故ではなかった。

この事故を最初に報じたのはモサドご用達のインターネットサイトDEBKAだったが、その記事には「アメリカとロシアとの間で戦闘があり、ロシアの潜水艦が撃沈された」と書かれていた。この記事はすぐに削除されてしまったが、アメリカ軍がただちにロシア軍に確認をとったところ、ロシアの潜水艦はアメリカ以外の第3勢力によって攻撃されたことが判明したという。

一般には報道されていないが、ロシアの潜水艦の事件が起きる直前に、イスラエルの潜水艦もペルシャ湾で何者かによる攻撃で撃沈されていた。

激怒したイスラエルは、バレンツ海に潜航していたロシアの潜水艦を攻撃した。それはアメリカの仕業だという偽りの情報をDEBKAを使って拡散することで、アメリカとロシアとの間に戦争を起こさせることを画策したのだ。

しかし、その記事がすぐに削除されたことからも分かるとおり、イスラエルの工作は失敗に終わった。

この事件もアメリカ軍とロシア軍の良心派が秘かに連絡を取り合っていたために、第3次世界大戦に発展するような事態を避けることができたのである。

いずれにしても、イスラエルのネタニヤフが総選挙で敗れたことからも分かるとおり、これまでのようにイスラエルがハザールマフィアの手先となって暴走を繰り返すことはもうできないだろう。

## 香港の反政府デモに工作員が潜伏

ハザールマフィアの工作はアジアにも及んでいる。

米中貿易戦争が激化する中、２０１８年8月に中国で豚コレラが発生が確認された。２０１９年現在、1億頭もの豚が病死したり、殺処分されたりしているが、これも中国の畜産業に打撃を与えようとしたハザールマフィアの工作である可能性が高い。

２０１９年6月から始まった香港の反政府デモも同様だ。そもそもこのデモは、中国本土への容疑者移送を可能にする「逃亡犯条例」の改正に反対する香港市民の純粋な気持ちから起こったものだった。しかし、香港政府がその改定案を撤回した後も抗議は続き、過激化していった。

その暴徒化したデモ隊の中に、アメリカからお金をもらって雇われた暴力的なプロのデモ要員がかなりの数、紛れ込んでいたことが分かっている。その狙いは、中国軍の香港進出を誘発して中国の国際イメージを貶め、ハザールマフィアに対抗する中国の力を弱めることにある。

ＣＩＡの情報筋によると、一部のハザールマフィア側のＣＩＡ工作員が、暴動を起こす部隊に３０００香港ドル（約4万３５００円）、座り込み部隊に３００香港ドル（約４３５０円）の日当を支払っていたという。

しかし、この工作は失敗に終わろうとしている。中国当局がその支払いの現場を映像で押さえており、雇われた反政府デモ隊９００人以上を中国に連行したという。

また、２０１９年4月12日に実施されたインドネシアの大統領選挙においてもハザールマフィアが暗躍していた。

選挙の結果は現職のジョコ・ウィドド大統領の再選に終わったが、その選挙結果をめぐって「選挙に不正があった」とハザールマフィアの息がかかった対立候補であるプラボウォ・スビアントが主張し、抗議デモへと発展した。そのデモにハザールマフィアの工作員が関与していたことはいうまでもない。彼らに煽動された抗議デモは激化し、７人が死亡、２００人以上が負傷し、４００人以上が逮捕された。しかし、この暴動も鎮圧され、選挙結果を覆すまでには至らなかった。

アジアに関していえば、アジア諸国が結束することがハザールマフィアにとっては一番恐い。特に中国が韓国や日本までも味方に付けるようになれば、覇権は中国に移ったも同然になる。そうならないように、ハザールマフィアはなんとかして中国と韓国、日本を分断させようとしている。

昨今の日韓関係の悪化もハザールマフィアにとっては大歓迎であり、そう仕向けたのもハザールマフィアに操られている安倍首相だ。

いまだにハザールマフィアの忠実な下僕となっているのは日本ぐらいしかいないのだが、このことに関しては第6章で詳しく述べることにする。

## 全米騒然の「ウクライナ疑惑」の真相

結局、これまで見てきたように日本以外でのハザールマフィアの工作は、ことごとく失敗に終わっているといってもいい。インターネットの発達により、これまでのように世論を操作することが容易でなくなったばかりか、アメリカ軍の良心派を中心とする「愛国派軍部連合」や、アジアの王族がバックに付いた中国の台頭などで、ハザールマフィアの地位は危うくなってきている。

それどころか、権力の座から追われる事態を目前にして、ハザールマフィアは完全に錯乱状態に陥っているようだ。

アメリカでは現在、「ウクライナ疑惑」でアメリカ議会とマスコミが大騒ぎとなっている。トランプ大統領が、２０２０年の大統領選で対抗馬になると目される民主党のジョー・バイデン前副大統領とその息子に関する情報を提供してほしいとウクライナのボロディミル・ゼレンスキー大統領に頼んだことと、その依頼工作をホワイトハウスが隠蔽しようとしたことについての疑惑である。その情報とは、ウクライナ企業の役員だったバイデンの息子によるウクライナ国内での汚職事件の捜査を止めさせようと、当時副大統領の職にあったバイデンがウクライナに圧力をかけたことに関するもの。トランプは、この情報を得ることで大統領選を有利にしようとしたのではないかと疑われている。しかも、トランプはその情報を得るための見返りをゼレンスキーに約束したという。

この疑惑に対してマスコミの論調はトランプが大統領に就任して以来、最大の危機だとあおり、議会もトランプの弾劾を声高に叫んでいる。

確かに、一国の大統領が自分の選挙を有利にするために他国の大統領に情報の提供を迫ること自体、弾劾に値することかもしれない。

しかし、ハザールマフィアにとって問題なのは、ウクライナの大統領ゼレンスキーの方だ。ゼレンスキーは2019年5月20日、2度の決戦投票の末に現職の大統領だったペトロ・ポロシェンコを破ってウクライナの新しい大統領に就任した。ウクライナはソ連崩壊後に誕生した国で、2014年にはナチス派ハザールマフィアが「ウクライナ騒乱」を煽動し、ロシアに近いヴィクトル・ヤヌコーヴィチ大統領を失脚させて、ポロシェンコを大統領に就任させた。いわば、ハザールマフィアが乗っ取った国だった。ところが、2019年の大統領選挙でポロシェンコが落選し、政治経験のまったくないお笑い芸人のゼレンスキーが大統領に当選した。これは、ハザールマフィアからすれば、思いもかけない事態だった。

しかも、大統領に就任したゼレンスキーは、ナチス派ハザールマフィアがウクライナ国内で起こした「マレーシア航空17便の撃墜（2014年7月17日に何者かが発射した地対空ミサイルで航空機が撃墜された事件）」「ユーロマイダン（独立広場）の虐殺（2014年のウクライナ騒動のきっかけとなった虐殺事件）」「麻薬取引（ナチス派による麻薬密輸）」や、今回のウクライナ疑惑で焦点となった「バイデン前副大統領による捜査妨害圧力」についての証拠を積極的にアメリカ政府に提出しようとしていたところだった。

ところが、ハザールマフィアが支配するアメリカ議会や大手マスコミは、糾弾の矛先をゼレンスキーではなく、トランプに向けて躍起になっている。

バイデンは当然のように、自分は無実であると主張しているが、もしも、トランプを糾弾したいがために、バイデンによる捜査妨害圧力の真相が明らかにされるだけでなく、ウクライナ国内でのその他の疑惑とハザールマフィアとの関係が暴露されでもしたら、ハザールマフィアはどうするのだろうか。自分で自分の首を絞めるだけではないか。追い詰められたハザールマフィアはまさに錯乱状態にある。

## 「性的児童虐待事件」の闇を暴く

ハザールマフィアは混乱している。

ハザールマフィアは賄賂と脅迫で飼い慣らした政治家や大手マスコミをいまだに支配しているものの、軍や司法、諜報当局に対する支配はすでに失っている。

それどころか、軍や司法、諜報当局は政界とマスコミの暗部をえぐり出そうと各方面から鋭意捜査している。その代表例が「性的児童虐待事件」の摘発だ。これこそが現在、ハザールマフィアを混乱に陥らせている最大の要因だともいえるだろう。それというのも、児童に対して性的な虐待を行なっているのが、まさにハザールマフィアたちだからだ。

悪魔を崇拝するハザールマフィアの頂点にいる欧米のエリートたちは、人工ハルマゲドンといった狂気に取り付かれているだけでなく、児童への性的虐待や人肉食といった、一般人には理解できない異常性をも持ち合わせている。それは、悪魔崇拝の儀式という側面もあるが、権力を握ることによる過度のストレスや恐怖を解消するために必要な行為なのかもしれない。もちろん、犠牲となった児童を思えば、決して許されることではない。

現在、このような悪魔を崇拝するハザールマフィアを摘発すべく、世界の司法当局が動き始めている。

２０１９年3月13日、児童に対する性的暴行事件でローマ法王庁の財務長官を務めるジョージ・ペル枢機卿に有罪判決が下された。先にも述べたように、ローマ法王が統治するバチカンはハザールマフィアの一員であり、バチカン銀行を利用して大国の首脳たちを取り込んできた。

ローマ法王庁の財務長官であるペル枢機卿は、まさにそのバチカン銀行の内部事情を知る大物であり、彼の摘発はバチカンだけでなく、ハザールマフィアをも大きく動揺させた。

さらに追い打ちをかけたのが、アメリカの実業家ジェフリー・エプスタインの性的児童虐待スキャンダルだった。彼の摘発もハザールマフィアを追い詰める原因になっている。なぜなら、エプスタインはハザールマフィアに雇われて、上流階級を脅迫するための材料を集める役目を担っていたからだ。

エプスタインは、自分が所有する島に欧米のセレブやエリートたちを招待し、未成年の少女や少年に性的な行為をさせ、その様子を録画していた。その島には、元アメリカ大統領のビル・クリントンや、イギリスのエリザベス女王の次男ヨーク公アンドリュー王子も訪れていたことが分かっている。トランプ大統領も例外ではなく、エプスタインの自宅で行われた乱交パーティで当時13歳の少女をレイプした疑いで少女本人から告訴されている。

ところが、これらの性的児童虐待の詳細が明らかになる前の2019年8月10日、エプスタインは拘留されていたニューヨーク州の拘置所内で自殺したと発表された。これは本当に自殺なのか。その詳細は次章で述べることにするが、エプスタインの自白内容や彼が集めていた脅迫の材料が公表でもされれば、ハザールマフィアたちは震え上がるはずだ。

## ヒラリーが悪魔崇拝の晩餐会に出席

もちろん、エプスタインの性的児童虐待スキャンダルは氷山の一角に過ぎない。悪魔を崇拝するハザールマフィアに捧げられた少女や少年のことはこれまで闇に葬られてきた。

しかし、その一端が暴かれようとしている。

イタリア国営放送（ＲＡＩ・イタリア放送協会）会長のマルセロ・フォアが発信した「ヒラリー・クリントンが悪魔崇拝の晩餐会に出席」という記事について、その証拠映像が見つかった。ニューヨーク警察筋によると、その映像は、ヒラリー最側近の第一秘書フーマ・アベディンの別れた夫であるアンソニー・ウィーナー元下院議員のパソコンの中に「life insurance（生命保険）」というフォルダ名で保存されていたという。その内容は、「ヒラリー・とアベディンが少女の顔の皮膚を剥いでそれをお面のようにして自分たちの顔に被せ、その姿を見せて少女を恐怖に陥れた挙句、最後は2人が少女を殺して、その血を飲む」という凄惨なものだった。ちなみにヒラリーとビル・クリントン元大統領の一人娘であるチェルシー・クリントンも悪魔を崇拝していることを彼女自身がツイッターで表明している。

しかし、不可解なことだが、２０１9年6月、その映像を押収したニューヨーク警察署の警官が、たった3週間のうちに立て続けに4人、自殺している。同じように不可解なことはヨーロッパでも起こっている。2019年7月、ドイツで450件以上もの小児性愛者による犯罪の証拠が警察署内で「紛失」していたことが発覚した。

欧米のハザールマフィアたちは死に物狂いで証拠を消そうとしているようだ。

しかし、彼らは追い詰められてきている。これまで見逃されてきた「性的児童虐待ネットワーク」にも容赦なく捜査のメスが入り始めているからだ。

2019年6月、イタリアで市長や医師、ソーシャルワーカーを含む18人が児童売買の容疑で逮捕された。AFP通信の記事によると、このネットワークは、子どもたちに親から性的虐待を受けたと信じさせるため、心理療法で描かせた絵を捏造したり、電気ショックを与えたりして「偽の記憶」を作り出した。子どもたちを洗脳した上で両親から親権を奪った後、彼らを売り飛ばしていたという。しかも、この事件が発覚したことで、その子どもたちの多くが売られた先で性的虐待を受けていたことも判明する。

さらに、FBIが公表する「21歳未満の行方不明者」に関するデータを見ると、アメリカでは2015年度だけで44万2373人の子どもが行方不明になっている。そのうち「いまだ発見されていない子ども」の数は4万2032人と約1割にものぼる。

このように売り飛ばされたり、行方不明となったりしている子どもたちの一部は、悪魔崇拝のおぞましい儀式のために捧げられ、殺されていることは間違いない。その裏付けとなる証拠こそが先に紹介した「ヒラリー・クリントンが悪魔崇拝の晩餐会に出席」の映像なのだ。今後も、「性的児童虐待ネットワーク」が摘発されることだろう。その詳細が分かったとき、ハザールマフィアの非道な実態も暴露されていくことになる。

こうして、世界各地で追い詰められているハザールマフィアは、今の状況をまさに「世紀末」だと思っているようだ。

イスラエルで再興された「サンヘドリン」は、ハザールマフィアの悪魔崇拝に通じる古代ユダヤ教の流れを汲む長老たちの集まりだが、2019年9月、ユダヤ教の第3神殿再建の第一歩として、羊を生贄にする祭壇の準備をすると宣言した。その上で、ユダヤ教に忠実な70カ国で新しい国際機関を立ち上げ、世界を支配しようと計画しているという。

その支配体制が実現されれば、異教徒であるキリスト教徒やイスラム教徒、仏教徒などはみな、彼らの法律によって処刑されることになるだろう。

しかし、それは悪あがきするハザールマフィアの最後の叫びのように聞こえる。世界は今、ハザールマフィアの恐怖支配から抜け出し、「新しい世界の枠組み」を作り始めようとしている。その詳細は次章で述べていくことにする。

## 第5章

# 旧勢力と新勢力が激突！世界を再編する「最終決戦」

欧州、中東、アジアで排除される権力者たち

## 「地球温暖化」データに捏造疑惑

前章で見てきたように、ハザールマフィアの最後のあがきともいえるさまざまな工作はことごとく失敗している。

ハザールマフィアは各国の政治家を賄賂漬けにし、大手マスコミを支配下に置いて世論操作をすることで、国民の目をごまかしながら自分たちの思いどおりのことをやってきた。また、自分たちに刃向かう者が出てきても、世論操作などでつぶしてきた。

しかし、前章でも述べたとおり、インターネットの発達で大手マスコミから垂れ流される情報を人々が信じなくなり、デイヴィッド・ロックフェラーやパパ・ブッシュのようなハザールマフィアの領袖がこの世を去ったこともあって、ハザールマフィア自体が弱体化している。

ハザールマフィアの内部でも「地球温暖化派」と「ナチス派」が対立していると前章で説明したが、対立の激化というより、それぞれの派閥が力を失いつつあるのが現状だ。

ブッシュ一族のナチス派が画策するテロや戦争もアメリカ軍の良心派が世界の軍上層部と連絡を取り合って、その挑発に乗らないように動いているため、ナチス派の思いどおりの結果にはなっていない。

「地球温暖化派」にしても、2019年3月、ロックフェラー財団が温暖化対策プロジェクトとして立ち上げた「100のレジリエント・シティーズ（100RC）」を解散する予定であると公表した。ハザールマフィアの権力者であるロックフェラー一族が解散を決めたということは、「国際権力の頂点で温暖化キャンペーンが終了した」と受け止めていいだろう。

何よりも、地球温暖化の根拠としているデータ自体が捏造である、という疑いが濃くなってきている。発端は、2009年11月に温暖化研究の世界的拠点であるイギリス・イースト・アングリア大学の研究ユニットが所有するコンピュータからデータやメール内容がハッキングされ、「データを意図的に操作・隠蔽した」という研究所所長のメールが明らかになったことだ。

さらに、データを捏造したとされるアメリカ・ペンシルベニア州立大のマイケル・マン博士が2017年7月、裁判所から求められた温暖化の証拠データの提出を拒否したことで、にわかにメールの内容の信憑性が高まった。

2019年に入っても、フィンランド・トゥルク大学の研究者が、「二酸化炭素による地球温暖化説には科学的根拠がない」との内容のレポートを発表した。それによると、CO2が原因で気温が上昇したとしても0・04度以下なのだという。つまり、「人間活動によるCO2増加が温暖化の主な原因である」とするこれまでの前提を真っ向から否定したのだ。

このように、ハザールマフィアがいくら「テロだ！　戦争だ！」と騒いだり、「地球温暖化だ！」と主張したりしても、誰からも相手にされない状態が続いている。ハザールマフィアの力が弱まっていくのも当然だろう。

温暖化派だったイギリス王室を中心とするイギリス連邦は、すでにハザールマフィアとの決別を決意したとも伝えられている。

## EU離脱派デモで掲げられる「Q」の文字

ハザールマフィアの弱体化にともなって、これまでのハザールマフィアが支配する国際秩序が崩れてきたことは、彼らが操ってきた各国の首脳が2019年になって相次いで失脚している事実からも分かる。例えば、イギリスのテリーザ・メイ元首相やウクライナのペトロ・ポロシェンコ元大統領がそうであり、総選挙で敗れてこれまでの力を失ったイスラエルのベンヤミン・ネタニヤフ首相もそうだ。

世界は今、それぞれの国や地域が「独立した地位や権限」を維持しながら緩やかに連帯する新しい国際体制を築こうとしているように見える。

それを「世界連盟」と呼ぶのか、「世界政府」と呼ぶのかは人それぞれだが、私のもとにも、さまざまな情報筋から「新しい世界の枠組み」についての情報が数多く寄せられている。

ハザールマフィア側である欧米貴族の関係筋からは、「アメリカはすでに倒産しているし、世界の新体制に向けた交渉も早いペースで進められている」という話が漏れ聞こえ、東西の結社筋によると、2019年3月の習近平・中国国家主席のローマ訪問によってバチカンの上部組織はアジア側の結社と和解し、世界政府の誕生に向けて交渉を進めているという。

イギリス王室筋からは、イギリス連邦はすでにアジア側の結社と連携し、新国際機関や世界経済企画庁の設立など、新体制の構築に向けて大筋で合意に達しているという話があり、ペンタゴン筋やイギリス諜報機関MI6筋などによると、世界の軍隊はすでにハザールマフィアの悪行を終わらせる計画を完成し、今まさに実行している最中だという。

そんな動きを後押しするような世論作りもすでに始まっている。

2019年3月、EU離脱をめぐって紛糾していたイギリス議会は、EU離脱予定日が近づいてもメイ首相がEUとまとめた離脱協定案を否決し、2016年6月に行われた「ブレグジット国民投票」の結果をうやむやにする格好となった。この不甲斐ないイギリス議会の様子を受けて、イギリス当局は「退化した議会」と題する覆面画家バンクシーの絵画の展示を美術館で開始した。すでにご覧になった方もいるだろうが、そこに描かれているのはチンパンジーたちがイギリス議会とそっくりな場所で討論する姿だ。10年前に制作された作品とのことだが、その絵はまさに「ＥＵ離脱をめぐって荒れるイギリス議会」そのものだ。

また、イギリスで起きたＥＵ離脱派のデモ隊の中に「Ｑ」の文字を掲げる参加者が多く見られたが、この「Ｑ」という文字は、インターネットのオンライン掲示板「４Ｃｈａｎ」と「８Ｃｈａｎ」でアメリカ政界の暴露を続ける「Ｑアノン」のＱの文字だろうと思われる。

このことについて、アメリカの政治専門紙「ザ・ヒル」は次のように報じている。

「ＥＵ離脱の支持者とＱアノンの間のつながりが何であるかは不明だが、陰謀論が国際的に主流になり始めていることを示している」

アメリカでも、２０２０年の大統領選に向けてジョー・バイデン元副大統領が民主党の最有力候補者となっているが、「ウクライナ疑惑」にも登場した旧体制側の人間であり、彼が未成年の少女に対する卑猥な行動をしている映像がインターネットで拡散されている。

ＣＩＡやペンタゴン筋などによると、このように欧米各地で起きている旧体制勢をバカにしたような動きは「新体制の構築」のための世論作りなのだという。

## ヨーロッパの異変、盟主ドイツへの攻撃

実際に、新体制の実現に向けて世界各国は動き始めている。アメリカ軍、イギリス連邦、ロー

マ教会、アジアの結社などが手を組んでハザールマフィアに全面攻撃を仕掛けている。

その具体的な動きを見てみよう。まずはヨーロッパだ。

ヨーロッパは現在、ＥＵという統合体でまとまっているが、それは前章でも述べたように、ヨーロッパを一つにするというヒトラーの野望を受け継いだナチス派ハザールマフィアが暗躍して誕生させたものであり、これを牽引してきたのがドイツだ。そのドイツの首相がヒトラーの娘、アンゲラ・メルケルである。

そのドイツは２０１９年１月、フランスと「ドイツ・フランス協力統合条約（アーヘン条約）」を結び、「合同議会」および「合同軍」を設置し、３月25日にはその合同議会がパリで初開催された。これはドイツとフランス両国の協力関係を深め、ＥＵのさらなる結束強化を図るためという名目で締結されたものだが、フランスとドイツの現在の国力を考えれば、ドイツによるフランスの支配だといえる。しかも、それはリベンジでもある。つまり、第２次世界大戦時にヒトラー・ドイツが一度は手に入れたフランスの地を、ヒトラーの娘であるメルケルが再び占領下に置いたのだ。

実際、エマニュエル・マクロン大統領の辞任を求めるフランスの「黄色いベスト運動」関係者によると、現在の反政府デモはフランスではなくドイツの武装車両によって弾圧されているという。そもそも、フランスのマクロンはロスチャイルド一族に従属するハザールマフィア側の一員であり、その親衛隊もフランス人ではなく外国人傭兵で構成されている。マクロンにとっては、ドイツに支配されることに違和感がないのだろう。

しかし、このような状況にフランス国民は徹底抗戦を貫いている。「黄色いベスト運動」の抗議デモは48週間にもわたって続いているだけでなく、その対応に疲れ果てたフランスの警官たちが次々とデモに参加し、一緒に抗議の声を上げているほどだ。

その背景にあるのはもちろん、フランスの景気の停滞と国民の貧困だが、世界の富を自分たちだけで独占してきたハザールマフィアへの暗黙の抗議でもある。特にEU内で経済的に潤っているのはドイツだけであり、一人勝ちとさえいわれている現在の状況に、フランスだけでなく他のEU加盟国も不満を募らせている。

そんな中、ドイツのメルケル首相にちょっとした異変が起きた。2019年6月から7月にかけての1カ月間で3度も、公の場で体が小刻みに震えるのが目撃されているのだ。

睡眠不足や脱水症状が原因だとされているが、3度目の異変のときは脱水症状になるほど気温が高かったわけでもなく、水を飲むよう促されてもメルケル自身が断っている。はっきりとした原因はいまだに公表されていない。

しかも、メルケルに最初の異変が起きた日の1週間後、2014年のクリミア半島併合以降、排除されていたロシアが欧州評議会に復帰することが決定され、その3日後にはロシアとイギリスの首脳会談が行われている。

情報源からの話を総合すると、メルケルは何らかの攻撃を受けたのではないかと推測できる。ロシアや東ヨーロッパを含めた「新しいヨーロッパ体制」の誕生を認めさせるために、それを認めたくないメルケルに攻撃がなされたのだ。

## ＥＵ離脱をめぐりイギリスとドイツが衝突

イギリスは２０１６年６月に行われた「ブレグジット国民投票」の結果、ＥＵを離脱することを決定したものの、いまだに混迷が続いている。テリーザ・メイ首相が辞任して新しくボリス・ジョンソンが首相に就任しても、いっこうに進展が見えず、２０１９年10月31日の離脱期限をさらに２０２０年１月31日に延長した。これで何度目の離脱期限の延長だろう。

このイギリスのＥＵ離脱問題は、ハザールマフィアとの大きな戦いを生んでいることはいうまでもない。ハザールマフィアが支配するＥＵは、なんともしてもイギリスの離脱を阻止したいと思っている。それゆえに、メイやジョンソンだけでなく他の政治家たちにもさまざまな圧力をかけ、離脱を遅らせているばかりか、離脱を思いとどまらせようとさえしているのだ。

水面下でも激しい攻防があったようだ。

メイ首相と議会がＥＵ離脱をめぐって紛糾していた２０１９年３月中旬、なぜかドイツ車を運ぶ貨物船２隻を含む船がイギリス近辺で次々と沈没する事態が発生した。さらに、ＥＵ離脱予定日だった３月29日の翌日、イギリス諜報機関ＭＩ６の長官アレックス・ヤンガーの息子がスコットランドの私有地内で謎の死を遂げている。このタイミングは偶然だろうか。

６月下旬にはイギリス海軍が７カ国からなる合同遠征軍を率いてバルト海で大軍事演習を実施し、地中海のジブラルタル沖でもイランの大型タンカーを拿捕するなど、イギリス帝国時代を彷彿とさせる存在感を見せつけた。これに対抗するように、ドイツ政府はＥＵ議会のルールを無視して、ＥＵの最重要ポストである欧州委員会の次期委員長に自国のウルズラ・フォンデアライエン国防相を指名した。

ＥＵを離脱しようとしているイギリスと、それを阻止したいドイツとの戦いが繰り広げられているように見える。しかし、イギリス秘密情報部ＭＩ６筋によると、イギリスのＥＵ離脱がどうなろうとも最終的にはＥＵ自体が消えてなくなるだろうと断言している。

ジェームズ・ブラックヒース卿をはじめとするイギリス貴族も、「ＥＵ離脱を邪魔する政治家は反逆者であり、国民投票で決定したＥＵ離脱をイギリス議会が反故にすることは違憲である」と述べているばかりか、「イギリスのＥＵ離脱を阻止しようとしている勢力は、イギリス軍や諜報当局などをすべてＥＵの管理下に置こうとしている」とまで非難している。イギリスの王室関係者は、すでにＥＵ離脱を認めているのだ。メイ首相が辞任に追い込まれたのも、イギリスの諜報当局と王族が辞任を迫ったからだともいわれている。

対するドイツのメルケル首相にも往年の勢いはない。地方選挙での大敗を受けて、２０２１年の任期満了をもって首相を辞任すると発表している。ドイツの勢いがいつまで続くか、予断は許さない状況でもあるのだ。

## 「リラ」に戻りたいイタリアがＥＵを離脱

ＥＵがどんな手を使ってでもイギリスのＥＵ離脱を止めたい理由は、イギリスの離脱がＥＵ本体の終焉を早めると分かっているからだ。

イタリアでは、すでにその兆候が現れている。

イタリアは２０１９年3月23日、中国と「一帯一路」構想に関する覚書を締結した。Ｇ７加盟国では初めてであり、このことでハザールマフィアが支配するＥＵは警戒心を強めることになった。中国によるハザールマフィア体制の切り崩しが成功したように見えたからだ。

しかし、ＥＵ側の巻き返しが功を奏したのか、いったんは辞任を表明したものの再任されることになったイタリアのジュゼッペ・コンテ首相が2019年9月、前政権の方針を見直し、EUと融和することを所信表明演説で述べている。

とはいえ、イタリアのEU離脱は時間の問題だろう。イタリアがEUの共通通貨である「ユーロ」を使う限り、産業空洞化が進行するだけで、経済の復調は望めないからだ。

このことは、第2章でも述べたようにアメリカにも共通することだ。アメリカが国際基軸通貨であるドルを使っているかぎり、ドルの価値が下がらないので人件費が高くなり、製造業のコストも上がって、輸出できる製品を作れなくなる。その結果として、産業空洞化が起きている。

これと同じように、イタリアがユーロを使っている限り、EU内ではユーロの価値が同じなので、特にイタリア国内で製造しなければならない理由がなくなる。それならば勤勉なドイツ人に任せた方がいいということになり、ドイツの製造業だけが活性化して、ドイツだけが潤っていく。それが現在のEUだ。

ギリシャが国家倒産寸前まで追い込まれた2010年のギリシャ危機も、ユーロを使用していたからに他ならない。ユーロを使用している限り、国が借金しようとしても、自国の中央銀行からではなく、ユーロを発行する欧州中央銀行からしかできない。そうなると、自国の経済が疲弊しても、ユーロの価値はそのままなので、欧州中央銀行に対してユーロを返済する力がなくなり、ギリシャは国として倒産するしかなくなったのだ。

イタリアもユーロではなく、以前のような「リラ」に通貨を戻せば、自国の経済に見合った通貨を持つことになるので、国際競争力を上げることができるようになる。しかし、そうはさせまいとしているのが欧州中央銀行を支配しているハザールマフィアであり、EUだ。

それでも、総選挙が実施されて、反EUを掲げる政党「同盟（レーガ）」が国民の強い支持を受けて過半数を取ることができれば、一気にEU離脱問題に発展することだろう。これまでのように大手マスコミを使って世論を煽動することは難しくなっている。

## 「元情報員暗殺未遂事件」と英露の対立

ハザールマフィアが支配するEUを切り崩そうとして、ロシアもまた活発な動きを見せている。

ロシアとイギリスは、2018年にロシアの元情報員の暗殺未遂事件が発生して以降、関係を著しく悪化させていた。その事件とは、ロシアの元情報員とその娘がイギリス南部の町ソールズベリーのショッピングセンターで意識不明の状態で発見されたものだ。2人から検出された毒性の強い神経剤は旧ソ連が開発したものだとして、イギリスのメイ首相はロシアを非難し、23人のロシア人外交官を国外追放にした。もちろん、ロシアは自国の関与を強く否定したが、欧米諸国もイギリスに追随したことで、ロシアと他の欧米諸国との関係も冷戦後最悪といわれるまでの状況になった。

ところが、2019年6月28日、日本で開催されたG20大阪サミットの会場で、ロシアのウラジーミル・プーチン大統領とイギリスのメイ首相が会談する。ロシアとイギリスの両首脳の本格的な対話は2年9カ月ぶりのことだった。

その首脳会談で、ロシアとイギリスは本格的な関係改善に乗り出した。イギリス王族筋によると、この会談によってイギリス連邦とロシアの間でEU離脱後の「新たなヨーロッパ体制」について大筋で合意がなされたという。

さらに、この会談が行われた3日前には、欧州評議会において2014年のクリミア半島併合以降、継続されていたロシアの投票権停止の解除を賛成多数で決定している。欧州評議会とは人権と民主主義を掲げて1949年に設立されたヨーロッパの統合に取り組む国際機関で、47の国が加盟している。加盟国数が27のEUとは歴史的にも異なるものだが、情報筋によると、今後はEUに代わって欧州評議会をヨーロッパ統合のための主な国際機関とする方向で動きだす模様だという。

先に述べたドイツのメルケル首相に異変が起きたのは、まさにこの英露首脳会談と欧州評議会へのロシア投票権の復活決定が行われた前後のことだった。

## 「マレーシア航空17便撃墜事件」の真相

欧州評議会から事実上、追い出されていたロシアが投票権停止の解除を受けるにあたって、オランダの代議員が賛成票を投じたことも興味深い。オランダはマレーシア航空17便撃墜事件について、「撃墜したのはロシアだ」と一貫して主張し続けていたからだ。

マレーシア航空17便撃墜事件とは、２０１７年7月17日、オランダのアムステルダム・スキポール空港からマレーシアのクアラルンプール国際空港に向かって飛びたったマレーシア航空17便が、親ロシア派分離勢力が支配するウクライナ東部の上空で、何者かが発射した地対空ミサイルよって撃墜されたことをいう。オランダは、この事件の首謀者はロシアだと名指しで非難し、他の西側諸国も追随していた。しかし、その西側諸国もオランダと同様に欧州評議会へのロシア復帰に同意したということは、この事件を不問に付したばかりでなく、そもそもロシアを欧州評議会から追い出した理由だったクリミア半島の帰属問題についても、ヨーロッパが黙認したことになる。

ロシア外務省はこの欧州評議会での議決の前に、ウクライナ上空で発生したマレーシア航空17便撃墜に関して「オランダ政府が重大な証拠を隠そうとしている」と発表していた。これはロシア政府の公式見解ということで、外交上、宣戦布告に等しい。今回、欧州評議会へのロシアの復帰にオランダが賛成票を投じたのは、このロシアの圧力にオランダが屈したといえなくもない。オランダ政府が隠そうとしている重大な証拠とは、ナチス派ハザールマフィアの犯行を示すものである可能性が高い。それゆえに、オランダはロシアに対するそれ以上の非難をやめたのかもしれない。

クリミア半島のロシアへの帰属問題の当事国であるウクライナにしても、今回の欧州評議会へのロシア復帰には強く反対したものの、ハザールマフィアの支援を受けていたペトロ・ポロシェンコはすでに大統領の座から引き下ろされている。

2019年に行われた大統領選挙のときには、ロシア国営メディアの「RT」が再選を狙うポロシェンコの収入について、「ロスチャイルド銀行AGの信託子会社に投資した収益で2018年中に約100倍にも増えている」と暴露し、対抗馬だったウォロディミル・ゼレンスキーの後押しをした。その結果、ポロシェンコは落選し、政治経験がまったくないゼレンスキーが大統領に当選したのだ。

この新大統領の誕生で、それまで対立していたロシアとウクライナの和平交渉が徐々に進展を見せ始めていることも確かだ。

## イスラエルの変化、見捨てられるネタニヤフ

ハザールマフィアの支配下にあったイスラエルにも変化の兆しが見えている。ハザールマフィアの手先として動いていたベンヤミン・ネタニヤフ首相は、2019年4月の総選挙の結果に基づいて組閣を行うも失敗し、9月に再び総選挙を行うがそれでも過半数が取れず、首相の座を手放さなければならない事態に追い込まれた。

しかも、ネタニヤフは汚職疑惑で検察の捜査を受けている。これまでは首相の座にとどまることでその追求を逃れてきたが、検察当局はすでに起訴に向けて動いており、起訴前の聴聞会も10月から始まっている。

これは、長年にわたってハザールマフィアの奴隷にされてきた一般ユダヤ人が覚醒し、イスラエルの国内外で、ネタニヤフのようなハザールマフィアの手先を権力の座から追い出そうと声を上げた結果だといえよう。

アメリカのトランプ大統領が2020年の大統領選に関して、「民主党に投票する者はイスラエルとユダヤ人に対して非常に不誠実だ」と発言したが、大手調査会社ギャラップが実施した2018年の世論調査によると、ユダヤ系アメリカ人のうち、わずか26％しかトラン

プを支持しておらず、大半の71％は不支持を表明している。この数字を見ても、ユダヤ系アメリカ人と、トランプ政権を支持するイスラエルのネタニヤフ政権との間の大きな亀裂が読み取れる。現在のイスラエルを支持するユダヤ系アメリカ人が減ってきているのだ。

ペンタゴン筋によると、かりにネタニヤフがあらゆる手段を使って権力の座にしがみつこうとしても、アメリカ軍やロシア、トルコ、イランが圧力をかけて、イスラエルそのものをハザールマフィアの支配から解放するだろうという。

それどころか、アメリカ軍と諜報当局は、イスラエルとシオニスト過激派との最終決戦に向けても動きだしている模様で、アメリカ系ユダヤ人と称する悪魔崇拝のハザールマフィア勢をロシア極東にあるユダヤ人地区に強制送還する予定があるという。

もちろん、ハザールマフィアもこの動きに対して死に物狂いで抵抗しているため、強制送還を実行するのは簡単なことではないだろうが、ハザールマフィアとの最終決着が近い現在、あながち実現不可能なことではないように見える。

いずれにせよ、イスラエルはアメリカ軍の支援がなければ存続することができない。しかし、アメリカ軍の中で良心派が台頭してきたことで、イスラエルは今、アメリカ軍に見捨てられようとしている。２０１９年10月３日、イスラエルの元陸軍長官ヤイル・ゴランが「世紀末思想を持つイスラエル国内の急進派が１９３０年代のナチスドイツのようにふるまう恐れがある」と発言したが、これもイスラエルの混乱ぶりを表しているといえよう。

## サウジの政変劇、サルマン国王は影武者

アメリカの石油ドル体制を支えてきたサウジアラビアでも、水面下で政変劇が起きた可能性が高い。まず、最近のサルマン国王の画像や映像を見ると、即位した直後のサルマン国王とはまったくの別人であることが分かる。

以前から認知症や体調不良などが報じられてきたが、そのわりに最近のサルマン国王は、2015年1月に即位した直後よりも元気そうで若く見える。「1分前の出来事も忘れてしまうほど、認知症が進んでいる」と報じられていたサルマン国王が、2019年5月30～31日に開かれていたアラブ首脳会議の場に、さらに若返った姿で登場し、しっかりと演説さえ行なっている。しかも、このとき、最近までサウジアラビアの代表として公務にあたっていたムハンマド皇太子ではなく、国王自らが公の場に出てきた事実も見逃せない。

事情通の間では、以前から「サルマン国王はすでに死去していて、メディアに出ているのは影武者である」との情報が飛び交っていた。サウジアラビアの裏の権力が変わったことで、サルマン国王の影武者も別の人間に置き換えられたと推測される。

さらに、2019年9月29日、サルマン国王の個人的なボディーガードを務めるアブドルアジズ・ファガム将軍が友人宅で知人と口論になり、「射殺」されたとサウジ当局が発表した。あくまでも私的な事件だとされているが、本当にそうだったのか。ファガム将軍はサルマン国王がいるところではたえず側に控えていて、国王の信頼も厚かった。ペンタゴン筋の情報によると、ファガム将軍が「射殺」されたのは、これまで国王を取り巻いていた権力層に変化が生じた結果だという。

そもそも、サルマン国王の後継者であるムハンマド皇太子にしても、すでにサウジアラビア国内の旧体制派によって殺され、操りやすい影武者に置き換えられているとCIA筋は語っている。

ムハンマド皇太子は2017年11月に、政敵に対する大粛正を実施したことで、旧体制側から相当な恨みを買っていた。2018年4月、サウジアラビアの首都リヤドにある宮殿近くで銃撃や爆発があったことは報道されているが、その銃撃戦でムハンマド皇太子が頭部に銃弾2発を受けて即死したのだという。しかも、この事件の背後にいたのはハザールマフィアの手先であるイスラエルのネタニヤフ首相で、これをきっかけにサウジアラビアの実権を裏で握ったといわれている。

しかし、2019年に入ると、先に述べたとおり、ネタニヤフは総選挙でのつまずきなどで急速に力を失っていった。

その代わりに台頭してきたのが中国だ。

第3章でも説明したが、サウジアラビアの石油は現在、中国向けの輸出が急増し、すでにアメリカ向けの輸出を追い抜いている。2019年2月には、影武者であるかもしれないが、ムハンマド皇太子が中国を訪問するなどして、両国の接近も顕著になってきた。

このような動きは、「サウジアラビアがこれまでのようにハザールマフィアの支配するアメリカの言いなりにはならない」という決別宣言にも見える。

しかも、サウジアラビアは今、5000億ドル（約54兆円）を費やしてマンハッタン島と同じ大きさの「NEOM（ネオム）」という未来都市を紅海沿岸に建設中だ。そこでは、雲発生器による人工雨が降り、家政婦ロボットが家事をしてくれて、空飛ぶタクシーで移動することができるなど、壮大な計画が掲げられているが、その資金となる5000億ドルがどこからどのように調達されるのか気になるところだ。少なくとても、これまでのようにアメリカを当てにしていないことは確かだ。すでに説明してきたように、アメリカは倒産寸前だからだ。そうなると真っ先に思い浮かぶのは、やはり中国だ。

しかしペンタゴン筋によると、サウジアラビアを押さえているのはアメリカ軍の良心派だという。

## アメリカ軍良心派に独立の可能性

アメリカ軍の良心派は、度重なるナチス派ハザールマフィアの工作にもかからず、第3次世界大戦を阻止するべく動き回っていることはすでに説明したとおりだ。アメリカ軍の良心派は、サウジアラビアが敵対するトルコやイランと和平を結ぶことができれば、世界平和に近づくと考えている。

その上で、イラン軍の良心派と友好関係を結び、サウジアラビアへも急接近を計ってきた。さらに、アメリカ軍の良心派は、「新しい世界の枠組み」である世界連盟の防衛軍となるべく国際社会と交渉するつもりだともいう。

ドナルド・トランプ大統領は2019年6月に、次のような文面をツイッターに投稿した。

「中国は原油の91％、日本は62％、他の多くの国々も同様にホルムズ海峡を経由して石油を得ている。それでなぜ、他国のための輸送レーンを、しかも長年にわたって、我々が補償ゼロで守らなければいけないのか」

これは、アメリカ軍というよりもアメリカ軍良心派の今後のあり方を示唆していて、非常に興味深い。つまり、トランプは我々を支援しなければ石油の流れを止めると世界を脅しているのだが、アメリカ軍良心派からすれば、各国の石油タンカーを守ることで得られる資金があれば、ハザールマフィアが支配するアメリカ政府から資金的に独立することが可能になるということである。言葉は悪いが、各国から用心棒代を徴収することができれば、アメリカが財政を破綻させて倒産しても、アメリカ軍は倒産しないということだ。

アメリカ軍の良心派はその意味でもサウジアラビアを筆頭とする湾岸協力会議（ＧＣＣ）の加盟国に接近している。

## 中東の代理戦争「イエメン内戦」に終結が迫る

２０１９年９月14日に起きたサウジアラビア石油施設の攻撃については、アメリカの自作自演の可能性が高いと先に述べたが、このときに犯行声明を出したイエメンの武装組織フーシ派との関係をここで説明しておこう。

サウジアラビアの隣国であるイエメンは２０１５年から内戦状態にあるが、これはサウジアラビアが支持するイスラム教スンニ派とイランが支援するシーア派との戦いであると同時に、サウジアラビアとイランとの代理戦争という側面がある。

ペンタゴン筋によると、この代理戦争は事実上、サウジアラビアの敗北に終わっており、水面下ではすでにサウジアラビアの降伏交渉が始まっているという。ただし、サウジアラビアが和平合意を得るためには、イエメンに対する莫大な損害賠償および慰謝料を払う事態に陥るだろうとも同筋は話している。

このような水面下の動きに対して、イスラエル諜報機関モサドとつながっているインターネットトのサイト「DEBKA」は、「現在、サウジアラビアがイスラエルと共同してシリア国内のイラン軍事施設を攻撃している」と報じている。

もしもこの記事が本当ならば、「アラブ国家のサウジアラビア」が「ユダヤ国家のイスラエル」とともに「アラブ国家のシリア」を攻撃しているということになる。

そうであるなら、アラブ世界全体がサウジアラビアを治めているサウード家と絶縁するのは必至だ。それどころか、サウード家が国家もろとも排除される可能性が高い。すでにアラブ世界で最大の人口と軍隊を有するエジプトが、「イスラエル・サウジ同盟」と絶縁状態に突入しているとの情報もある。

しかし、水面下で政変劇が起きた可能性の高いサウジアラビアが、これまでと同じようにイスラエルと手を組むとは思えない。何度もいうようだが、イスラエル自体、ネタニヤフ首相の力が急速に弱まっており、「サウジアラビアがイスラエルと共同してシリア国内のイラン軍事施設を攻撃している」という報道を聞いても最後のあがきとしか思えない。逆にいえば、ハザールマフィアはそこまで弱体化しているということでもある。

そのシリアにしても２０１９年10月６日、アメリカのトランプ大統領が、内戦が続くシリアの北部に駐留していたアメリカ軍を撤退させることを発表した。アメリカはシリアから手を引いたのである。アメリカ軍から見放されつつあるイスラエルはますます孤立していくばかりだ。

## アジア各国が国際金融体制に挑戦

ハザールマフィアが支配している国際金融体制に対しても、中国だけでなく、アジアを中心にこれまでと違った動きが見え始めている。

２０１９年5月30日、来日したマレーシアのマハティール・モハマド首相が都内で開催された国際交流会議で講演し、「金価格に連動する東アジアの共通通貨構想」を発表した。

この共通通貨は貿易取引の決済だけに使用し、国内取引には使用しないとのことだが、これは明らかに基軸通貨であるドルへの挑戦であり、石油本位制ドルから金本位制への移行を示唆したものでもある。このようにハザールマフィアへの抵抗をあからさまに示すこと自体、これまでになかった動きだ。

さらに、インドネシアでは6月1日から9日まで、イスラム教関連の祭日と土・日曜日、政令指定休日（政府が指定する休日）を合わせて9連休となったが、その期間、インドネシア国内のすべての銀行が休業した。

じつは、ハザールマフィアであるロスチャイルド一族が支配するＢＩＳ（国際決済銀行）の決まりでは、国際業務を行う銀行は3日間以上連続して休業することが基本的に認められていないとされる。そのため、この「すべての銀行が9日連続で休業する」というインドネシア政府の措置は極めて異例である。

それればかりではない。インドネシア国内の金現物を取り扱う質屋などもすべて、この9連休の時期に店を閉めたという。この動きに対して情報筋の間では、「インドネシア政府が連休中に金現物を没収して、金本位制の通貨を新たに発行する準備をしているのではないか」との憶測が飛び交っている。

前章でも触れたが、インドネシアは２０１９年4月12日の大統領選挙でハザールマフィアの息がかかった対立候補を破って、現職のジョコ・ウィドド大統領が再選された。今回のインドネシアの動きは、ハザールマフィアへの報復措置だった可能性もある。

じつは日本でも天皇陛下の御退位と皇太子の御即位にともない、２０１９年4月27日から5月6日まで、大手銀行が10連休した。皇位が継承されるという特別なことが重なったからとはいえ、これも異例中の異例のことだといえる。国際金融体制の上層部で何かが起こった可能性が高い。

その他、オセアニアのパプアニューギニアでも興味深い変化が見られている。

2019年5月30日、パプアニューギニア議会は前首相の辞任表明にともない、ジェームズ・マラペ前金融相を次期首相に選出した。原住民の出身であるマラペは、国際石油資本であるアメリカのエクソンモービルやフランスのトタルによる国内の大規模ガス田開発に抗議して金融相を辞任した人物だ。首相選出にあたっても、パプアニューギニアを「経済的に豊かな黒人のキリスト教国家」にし、「個人や企業より国の利益を優先する」と表明した。

首相就任後も、パプアニューギニアの金（ゴールド）や天然ガスなどの資源を今後は現地の発展のために使うべきだと訴え、パプアニューギニアにある世界最大級のパングナ鉱山を再稼働することについてもすでに話を進めているという。

これらの動きは、前章でも触れたローマ法王庁のジョージ・ペル枢機卿が「性的児童虐待」の罪で有罪判決を受けたことに大いに関係している。2019年3月にオーストラリアの裁判所で6年の禁錮刑を言い渡されたペルは、ローマ法王庁の財務長官であったばかりでなく、オーストラリアのローマ教会最高指導者であり、バチカンのナンバー3と目されていた人物だった。バチカン上部組織の情報筋によると、彼はオーストラリア資本を通じてパプアニューギニアにある鉱山の利益を同国から不当に搾取し、欧米のハザールマフィア勢力に横流ししていたという。

しかし、ペルの逮捕と有罪判決で彼の影響力が消滅し、バチカン上層部のハザールマフィア離れもあって、パプアニューギニアの資源は現地発展のために使うべきだというマラペ首相の考えをバチカンは黙認した形になっている。ここでもハザールマフィアの力が弱まっているのだ。

## アメリカ軍良心派がハザールマフィア一掃へ

アメリカ国内の動きも激しくなってきている。

前章で触れたとおり、ハザールマフィアに雇われていた実業家ジェフリー・エプスタインが性的児童虐待の容疑で逮捕され、2019年8月10日、拘置所内で自殺したと発表された。エプスタインはハザールマフィアが雇っていた工作員だっただけに、ハザールマフィアに混乱が生じた。

その隙に乗じるかのようにしてアメリカのトランプ大統領は、ハザールマフィアの工作員だった国家情報長官ダン・コーツと国家情報副長官スー・ゴードンを同時に更迭する。そして、8月15日付で辞任した彼らの代わりに、海軍特殊部隊（ＳＥＡＬｓ）の隊員や海軍特殊作戦司令部の司令官などを歴任したジョセフ・マグワイア退役海軍中将を国家情報長官代行に任命した。

これにより、ナチス派ハザールマフィアの手先だった元ＣＩＡ長官ジョン・ブレナンの息がかかった政権内にいる人物のパージが一気に進んだことになる。

さらには、２０１９年9月10日、ジョン・ボルトン大統領補佐官が突然、更迭される。彼は北朝鮮やイラン、ベネズエラなどとの戦争をあおってきた超タカ派の人物であり、第3次世界大戦を起こしたいハザールマフィアにとって有益な存在だった。その解任である。

これで、アメリカの政権内部はアメリカ軍良心派で占められる可能性が高まった。その矢先の9月30日、アメリカ軍制服組のトップである統合参謀本部議長の交代式が行われ、マーク・ミリー陸軍参謀総長が新議長に就任すると、ワシントンＤ.Ｃ.などアメリカ各地に散らばるハザールマフィア勢力に対して軍事行動を本格化させる兆しが見えてきた。ミリー新議長がアメリカ陸軍・海軍・海兵隊に対して国内配置に関する命令を下し、あわせて予備軍総動員も開始したのだ。

この命令によって、大統領もしくは州知事が人災を含む災害または緊急事態に備えて海兵隊や陸海軍の予備軍を動員できるようになっただけでなく、何よりも今までの国内配備の指示と大きく異なるのは、一般市民に対する武器使用の許可が含まれていることである。つまり、アメリカ軍が内戦に備えて動き出しているのだ。

その上、このタイミングでアメリカ軍は「operation united front（団結作戦）」と称する軍事演習をミシシッピ州にある「ワシントンD.C.の地形と似た場所」で開始している。

これらの動きを見ると、アメリカ軍はハザールマフィアに乗っ取られているワシントンD.C.をアメリカ国民のもとに奪回しようと作戦を練っているようにしか見えない。

こうした軍事的な動きが加速する中、ワシントンD.C.を中心としたアメリカ政界の混乱も深まってきている。

10月1日、副国務長官補として歴代政権の中で重要ポストに就いてきたスティーブ・ピチェニックが映像を公開し、爆弾発言を行なった。それは「トランプ弾劾」を扇動している民主党のアダム・シフ下院情報特別委員長が「子供を生贄にする悪魔崇拝の儀式に参加していた」というものだった。

すでにシフが、「トランプ弾劾」を主張するために、複数回にわたってメディアなどで虚偽発言をしていたことも判明している。トランプは嘘をつくと鼻が伸びてしまうピノキオの映像を交えて、シフをからかう動画をリツイートして拡散している。興味のある方は以下のアドレスで見ることができる。（https://twitter.com/realDonaldTrump/

status/1180245134363025415)

いずれにせよ、シフの後ろにいるのはハザールマフィアの悪魔崇拝グループだということは間違いない。

## 全米震撼！「性的児童虐待スキャンダル」の闇

どうやらアメリカ軍は本気のようだ。CIAやFBIを巻き込んでハザールマフィアに対する大胆なパージにも乗り出そうとしている。

すでにアメリカ国内では「名前が伏せられた起訴状」の数が8万8000件を超えており、その起訴状に関連した裁判も始まっている。なぜ名前を伏せなければならなかったのかというと、名前を出せばハザールマフィア勢力によって起訴状そのものを握りつぶされる可能性があったからだ。しかし、今ようやくここに来て裁判が動きだそうとしている。裁判を実現し、主導しているのはアメリカ軍良心派の幹部たちだ。

さらに、ペンタゴン筋によると、これからアメリカ軍は少なくとも12万5000人ほどの反逆者を逮捕する予定だという。そのきっかけは、やはりジェフリー・エプスタインの性的児童虐待スキャンダルだった。

前章でも触れたが、エプスタインは彼が所有する島に欧米のセレブやエリートたちを招待し、未成年の少女や少年たちに性的な行為をさせていた。しかも、その波紋は大きく、エプスタインの逮捕とその捜査に関して、２０１９年7月12日、トランプ政権で労働長官を務めていたアレクサンダー・アコスタが辞任するまでに事態が発展した。

これは、アコスタがフロリダ州の連邦検事時代にエプスタインと司法取引を結び、児童買春1件の罪を認めて性犯罪者として登録する代わりに、禁錮13カ月という異例の軽い刑を言い渡していたことについて、世論から激しい批判を受けたことによるものだった。

異例の軽い刑を言い渡したことについてアコスタ本人は、「諜報当局のエージェントだといわれたので、エプスタインに対して軽い刑を容認した」と公の場で釈明している。

この発言はかなり重要なポイントだ。これまでのようにハザールマフィアが支配する権力構造だったならば、このような司法取引の裏側が表沙汰になることはなかっただろう。しかも、諜報に関する暴露など言語道断で、これについての発言自体が封じ込められていたはずだ。それなのに、マスコミに大きく取り上げられ、世界中に知られること自体、アメリカだけでなく世界の権力構造が変化している証だといえる。

ペンタゴン筋によると、エプスタインはハザールマフィアに協力するイスラエルの諜報機関「モサド」の工作員であったという。そして、彼の仕事は、著名な政治家や財界人、俳優などに未成年の少女や少年を斡旋して、その映像を盗撮して脅迫を行うことだった。

すでにエプスタインの自供によって、未成年の少女や少年と関係を持った著名人やエリートが1000人にのぼること、その氏名も明らかになっているという。これが公表されたらアメリカ史上最大のスキャンダルに発展することは必至だ。そうなる前にエプスタインの自供によって、脅迫を受けていた著名人や富裕層たちが司法取引に応じ、島で行われていた「児童の生贄儀式」などについても証言を始めるだろうといわれていた。

ところが、そのエプスタインがニューヨーク市マンハッタンの拘置所内で「自殺」したと発表される。

## 自殺？　他殺？　生存？　エプスタインの死の真相

エプスタインの「自殺」は当初からさまざまな憶測を呼んでいた。厳重に警戒されていたはずの監房ではたして自殺などできるものだろうか。司法長官のウィリアム・バーも「同被告を充分に警備しなかったことに私も司法省全体もがく然とし、怒りを感じている」と語った上で、「同施設で重大な不備があったことが明らかとなった。徹底的な調査が必要だ」と述べた。しかし、その「不備」の詳細については明確にしなかった。

報道によると、検視の結果、エプスタインの首は舌骨《ぜっこつ》を含め、数カ所にわたって骨折していたことが判明したという。特に舌骨は絞殺の場合に折れることが多いとされ、専門家は「自殺死体に首の骨折があるのは非常にまれだ」と語っている。

やはりエプスタインは殺されたのだろうか。

いや、そうではない。

ＣＩＡ筋の情報によると、「エプスタインが司法取引に応じたため、本当は生きているが死亡したことにした」という。

先にも述べたとおり、エプスタインは長年にわたってイスラエル諜報機関モサドの工作員として働いていた。彼の役割は、著名な政治家や財界人、俳優などに未成年の少女や少年をあてがい、その盗撮映像を脅迫材料として収集することだった。

それだけではない。これまで謎だった彼の資金源についても、イスラエルと癒着するハザールマフィアから流れてきたものだということが分かってきている。実際に、エプスタインとの不透明な金融取引をめぐって、ドイツ銀行に捜査の手が伸びているとも伝えられている。

ちなみにドイツ銀行は現在、経営不振によって世界に展開されている支店を含めて１万８０００人のリストラを断行中で、ロシアの犯罪組織による１００億ドルのマネーロンダリングに関与したことで罰金を科された過去を持ついわく付きの銀行である。

こうしたエプスタインの背後関係が判明することで、一番困るのはハザールマフィアであることはいうまでもない。エプスタインを死亡したことにした目的の一つは、そうしたハザールマフィアが口封じのためにエプスタインを殺害するのを防ぐことだった。さらに、「自殺に見せかけた他殺」というストーリーを流すことによって、エプスタインと交友があった政財界のエリートたちに対する捜査をやりやすくするためだとCIA筋は語っている。

実際に、その作戦は功を奏し、ハザールマフィアの報復を恐れた政財界のエリートたちは、軍や諜報当局などとの司法取引に応じ、エプスタインの裏にいたハザールマフィアの勢力について情報を提供しているという。

## アメリカ軍からのメッセージ「悪魔の数字666」

アメリカ軍と諜報当局の本気度は、エプスタインが「自殺」したとされる日付からも分かる。その日付は8月10日だった。

その前日には、裁判所の命令によりエプスタイン関連の事件の情報が公開されている。

じつは、8月10日の翌日である8月11日は、ユダヤ人の歴史において「最も悲しい日」と位置づけられているユダヤ教の祝祭日「ティシュアー・ベ＝アーブ」だった。紀元前586

年と紀元後70年の第1・第2エルサレム神殿の崩壊など、ユダヤ人の「五つの悲劇」とされる出来事の他に、1290年にイギリスからユダヤ人が追放されたのも、1492年にスペインからユダヤ人が追放されたのも、すべてティシュアー・ベ＝アーブの日に起きたのだという。

さらに、エプスタインが死んだとされたときの彼の年齢は66歳で、死亡した時刻は早朝6時だとされた。つまり、悪魔の数字である「6」が三つも並んだことになる。

このようなタイミングでエプスタインの「自殺」が演出されたのはすべて、悪魔崇拝の権力者たるハザールマフィアに向けたアメリカ軍からのメッセージだった。

また、8月10日はペンタゴンが「アメリカ国防総省」という名称で歩みを始めてから、ちょうど70年目の記念日でもある。

8月10日の当日には、早くもエプスタインの所有していた島への家宅捜査が決まり、12日からは強制調査を開始している。アメリカ軍と諜報当局は情報収集衛星などのハイテク軍事衛星を駆使した偵察まで行なったという。

その捜査の結果、すでに血まみれのベッドや子どもの骨が多数、見つかっているとFBIは伝えている。

さらに、ニューヨークにあるエプスタインの邸宅からは、元アメリカ大統領ビル・クリン

## 性的児童虐待のエプスタインの邸宅から
## クリントン元大統領の女装肖像画が発見

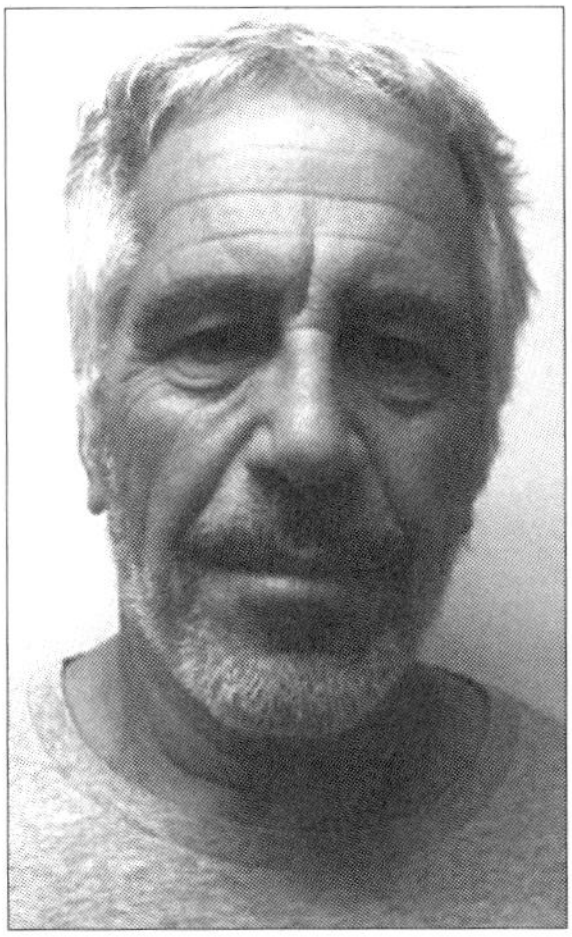

ジェフリー・エプスタイン（写真左）の邸宅で発見されたクリントン元大統領の女装姿の肖像画（写真右）。クリントンが身に着けているドレスは、不倫相手のモニカ・ルインスキーが密会の際に着用していたものとそっくりだという。また、エプスタインと親密な関係だったクリントンにも性的児童虐待の疑いが浮上している。

トンの女装姿の肖像画も発見され、公開されている。このことからも、この捜査の標的がうかがい知れるだろう。

エリザベス女王の次男であるアンドリュー王子もエプスタインの島を訪れていたことが分かっている。イギリス王族筋は、「今回の疑惑は封印されることはないだろう」と話しているようだが、それほどまでに今回の捜査は本気だということだ。

## カルト集団を摘発！　ハザールマフィアの犯罪を暴く

アメリカ軍はエプスタインの捜査を突破口にして、性的児童虐待のネットワークと組織の命令系統まで摘発しようとしている。ペンタゴン筋によると、アメリカ軍は軍事作戦と同様の手法で動いているという。

軍が攻撃に出るときは、まず最前線の部隊を攻撃する。そこで拘束した末端の敵兵から情報を聞き出し、順々に進みながら、最後に敵地本丸へとたどり着いていく。これと同様に、今回の捜査にあたっても、まずは最前線で暗躍する末端のギャングや人身売買業者などを大量に逮捕し、「性的児童虐待ネットワークの実態」や「犯罪組織の命令系統」などを聞き出してから、ハザールマフィアの本隊を摘発しようとしているのだ。

情報筋によると、すでにその捜査は最終局面に入っているという。

それればかりではない。ペンタゴン筋によると、アメリカ軍はさらにハザールマフィアにつながるカルト集団の摘発まで視野に入れているらしい。

すでにカルト集団については、2018年に「ネクセウム」という集団が摘発されている。この集団は、自己啓発セミナーと称して勧誘した女性たちの下腹部に焼きごてで印をいれ、創始者との性行為を強要するなど、女性たちを性奴隷化するセックス・カルトだった。

この組織をめぐる裁判で、巨額の不法な資金をヒラリー・クリントンに渡していたとする証言が飛び出している。

ペンタゴン筋によると、このカルト集団に関係のある重要人物として、ヒラリーだけでなく、前アメリカ大統領のバラク・オバマやカナダのジャスティン・トルドー首相などの名前もあがっているという。

また、アメリカのフロリダ州に本拠地を置く新興宗教「サイエントロジー」は、俳優のトム・クルーズやジョン・トラボルタが信仰していることでも有名だが、その創始者の息子自らが父L・ロン・ハバードと悪魔崇拝や麻薬ビジネスとの関連について暴露している映像がインターネットで配信されている。こちらも、今後の展開次第でハザールマフィアとのつながりが露見する可能性も出てきた。

今後の捜査によって、性的児童虐待や人身売買などを含むハザールマフィアの恐ろしい犯罪が一気に暴かれていくことだろう。

とにかく、アメリカ軍は本気なのだ。

これまで見てきたように、今、世界では「人間を家畜のように支配する」という悪魔信仰にとらわれた旧勢力を追い出すための動きが活発化し、成功しつつある。世界を再編する最終決戦の日も近づいている。

沈む船から逃げ出すねずみのように、旧勢力の崩壊を察知して新勢力側に寝返る者も出始めている。しかし、暗殺されたり、失脚させられたりして表舞台から消えていった者も少なくない。ハザールマフィアもおとなしく降参するつもりはないだろう。

それでも、世界の潮流は新勢力側へと傾きつつある。ペンタゴン筋は、「アメリカ陸軍大学の試算によると、世界の軍や法務当局はほぼ１００％の確率でハザールマフィアを打倒する」と語っている。

この現実を直視しなければ明日を生き抜くことはできない。

そんな中、日本はどうすればいいのだろうか。日本は、いまだにハザールマフィアに支配されている世界で唯一の国といってもいい。現在の状況を受けて、これから日本の進むべき道を次章で述べていくことにする。

# 第6章

# 支配からの脱却！
# 令和日本が進むべき道

日本が生き延びるための方法

## FBIが暴露！　アメリカの日本支配の実態

2019年5月1日、日本では平成から令和へと元号が変わった。10月22日には、新天皇陛下が即位を国内外に宣明される「即位礼正殿の儀《そくいれいせいでんのぎ》」が皇居の宮殿「松の間」で行われた。日本は今、新しい時代を切り開くときに来ている。

しかし、現状はというと、いまだにハザールマフィアの支配から抜け出すことができない。1945年8月15日、ポツダム宣言を受託して敗戦国となった日本は、それ以降、GHQ（連合国軍最高司令官総司令部）を経て、ハザールマフィアが巣食うアメリカに支配され続けているのだ。

その実態を表す調査レポートが先日、たまたま私のもとに送られてきた。それは1989年7月7日に作成されたFBIの調査レポートで、1980年代後半に発覚したアメリカにおける「イラン・コントラ事件」について書かれたものだが、CIAの麻薬部門による日本管理体制についても詳しく書かれているので紹介したい。

そもそも、この調査レポートは故エドワード・ケネディ上院議員のために作成されたものとされており、FBIの公式サイトでは公開されていない。しかし、この文書に登場する人物や事件は、私が長年にわたって日本で現場取材して得た情報や事実とおおむね合致する。さらに、現役ＣＩＡのアジア担当にも確認したところ、「真実が非常によく書かれている」という返事をもらっている。

まず、イラン・コントラ事件について説明しておこう。ロナルド・レーガン政権時代の１９８６年、イランへの武器売却代金の一部をニカラグアの反政府ゲリラ「コントラ」への支援に流用しようとした秘密工作の存在が明らかになった。その過程で、ＣＩＡが武器や麻薬の密売を主導して行い、アメリカ議会の介入や情報公開を避けるために独自の収入源を確保していたことが判明。一大政治スキャンダルとして、政権を揺るがす大騒ぎとなった。

とはいえ、武器・麻薬密売による裏資金獲得の構図が描かれたのは、このイラン・コントラ事件の直前ではない。すでに１９６０年代に始まっていた。

レポートによると、まず当時のＣＩＡ長官リチャード・ヘルムズが裏資金の調達担当として数人の精鋭を選び出した。ＣＩＡのベトナム担当だったエドワード・ランスデール、後にＣＩＡ長官に就任するウィリアム・コルビー、後にジャパンハンドラーとなるリチャード・アーミテージ、ＣＩＡの南米・アフリカ担当を歴任したロバート・フェレーラ、そして、後に第41代大統領となるパパ・ブッシュことジョージ・Ｈ・Ｗ・ブッシュの5人だ。

ちなみに、このＣＩＡ武器・麻薬密売ネットワークを構築する際には、世界各地で

2万2500人ほどの反対分子が暗殺されたと記されている。

彼らはまず麻薬密売のために航空会社を設立した。このとき、パパ・ブッシュは東アジアのアヘンを担当し、アーミテージとともにアジアの犯罪組織のつなぎ役を担っていたという。また、レポートには書かれていないが、日本の暴力団や結社筋によると、その後、パパ・ブッシュとアーミテージは北朝鮮の覚醒剤も担当するようになっていったらしい。ブッシュ一族が麻薬ビジネスで成功する要因がここにあった。

## ジャパンハンドラーズが自民党に流した闇資金

FBIのこの調査レポートには、日本にとって特に注目すべきことが記されている。「1966年から1976年にかけて麻薬密売で調達したCIA資金3000億円分が日本の自民党に渡され、そのことを告発しようとした田中角栄首相が失脚に追い込まれた」というのだ。「ロッキード事件」のことである。

ロッキード事件とは1976年、アメリカの航空機メーカーであるロッキードが自社の航空機を売り込むために日本の政界に賄賂を渡し、田中角栄元首相らが逮捕された疑獄事件のこと。このレポートには、田中が自民党に流れていたCIAの資金を告発しようとして、逆に疑獄事件で失脚させられたと記されている。

さらに、当時の自民党は、ロスチャイルド一族パリ家の代理、フィリップ・デュダフニー男爵とＣＩＡが共同で管理していたという。そこには、日本人の資金洗浄の担当として「Prince Watanabe」と「Mr.Soichi Iizuka」という人物が登場しているが、残念ながら、この2人の日本人についてそれ以上の詳細は分かっていない。その後、デュダフニーは日本を離れ、ＯＥＣＤ（経済協力開発機構）へと移るが、それを機に１９７６年からはＯＥＣＤがＣＩＡ麻薬密売資金のマネーロンダリングに使われるようになったという。

さらにレポートには、１９８８年に発覚した日本の贈収賄事件「リクルート事件」に関しても記してある。

これは、情報サービス会社のリクルートが政財界の要人に未公開株を譲渡して贈賄罪に問われた事件だが、このリクルートを窓口として日本の政治家に賄賂を配ったのは、南米の麻薬密売を担当していたロバート・フェレーラとロスチャイルド一族パリ家のギー・ド・ロチルド男爵だったという。この工作には三井銀行も絡んでおり、資金洗浄の担当として「Eiji Usuyama」、「Takashi Takahashi」、「Akira Mishima」という3人の名前が明記されている。

いずれにせよ、このレポートで分かることは、戦後の日本の政権を担ってきた自民党に、麻薬密売で調達されたＣＩＡの多額の資金が賄賂として渡されていたということである。

こうした日本の管理をめぐる麻薬密売がらみの工作に関わった人たちは、それぞれ死去したり引退したりして、現役で活動している者はほとんどいないが、唯一、残っているのはリチャード・アーミテージだ。

アーミテージは、パパ・ブッシュの息子であるジョージ・W・ブッシュがアメリカ大統領のとき、国務副長官を務めた。極東部門担当を命じられてからは、1960年代にパパ・ブッシュとともに築いた北朝鮮から日本への麻薬ルートを管理し、暴力団などの裏社会を掌握するとともに、そこからの情報をもとに日本の政治家や官僚を支配してきた。いわゆる「ジャパンハンドラーズ」と呼ばれる日本の裏の支配者の1人だ。

また、ブッシュ一族との関係が深いことからも分かるとおり、彼はナチス派ハザールマフィアの中心的存在でもある。FBIの試算によると、アーミテージはCIAの麻薬密売において、1989年の段階で約1000億ドル分の個人資産を稼ぎ出し、そのほとんどを金（ゴールド）に交換したという。石油本位制ドルを維持するために躍起になっているハザールマフィアの一員が金しか信じないというのもなんとも皮肉なことである。

皮肉といえば、そんなアーミテージに対して日本政府は2015年秋、日本の勲章の中では最高位といわれている「旭日大綬章」を授与している。日本を裏で操って来た彼に日本政府は感謝の気持ちを表して勲章を授与するというのだから、なんともはや、である。

## 「バブル崩壊」でハゲタカが日本を食い荒らす

リチャード・アーミテージとともに、ハザールマフィアによる日本支配を強固なものにしたキーマンとしてパパ・ブッシュの存在も大きい。

パパ・ブッシュは、1981年にロナルド・レーガン政権で副大統領となり、それと同時に、政府の麻薬対策キャンペーンの責任者と、国家安全保障会議（NSC）に設置された「危機管理スタッフ会議」の議長にも就任した。そうすることで彼は、水面下で遂行されるアメリカの工作活動や諜報活動を統括する立場となり、1985年ごろまでにはブッシュ一派がそうした活動を完全に掌握することになる。いわゆるナチス派ハザールマフィアの台頭である。

その後も、彼は実質的にアメリカの対外活動を取り仕切るようになり、対日工作もそのうちの一つとなる。そして、レーガンの後を継いで1989年、大統領にまで昇り詰める。

そんなパパ・ブッシュを筆頭とするハザールマフィアが日本に対して行なったことは、賄賂によって日本の政財界を支配することだけではない。その第1の目的は日本の富を吸い上げることだった。

アメリカは1980年代に入ると、パパ・ブッシュの仕えるレーガン大統領が行なった政策「レーガノミクス」によって経済を活性化させたが、その代償として貿易赤字と財政赤字を増大させることになってしまった。これを打開するために結ばれたのが1985年のいわゆる「プラザ合意」だ。これは早い話が、自国の貿易赤字を減らすために、アメリカが日本をはじめとする西側先進国にドル安を強制したのだ。

アメリカに支配されている日本は、当然ながら反対することはできず、ドル安円高を受け入れたので、輸出産業を守るために低金利政策をとることを余儀なくされた。その結果、株や土地へと資金の流動が起こり、いわゆる「バブル」が起こっていく。

そのバブルはやがて崩壊し、日本の金融機関や企業は軒並み破綻していくことになるが、このとき、破綻した日本の金融機関と企業を買い叩いていったのがハザールマフィアの下部組織である外資系ファンド、いわゆる「ハゲタカファンド」だった。

彼らは安値で買い叩いた株や債券などの資産を高値で売り抜いて巨額の富を得ていく。その一例をあげるとすれば、1998年に経営破綻した日本長期信用銀行がある。

この銀行は8兆円もの税金を投じたものの結局は潰れてしまい、ハゲタカファンドがわずか10億円で買収し、「新生銀行」と名を変えて外資系銀行となった。このとき、その売買でハゲタカファンドが得た利益は、なんと2000億円だったという。それを背後で操っていたのは、ハザールマフィア傘下の投信銀行、ゴールドマン・サックスである。

その後、日本は経済低迷の時代へと突き進んでいったことはご存知のとおりだ。いわゆる「失われた20年」、いや「失われた30年」だという人も多い。

## 小泉政権「構造改革」で日本の資産が流出

ハザールマフィアによる日本の富の収奪は、バブル崩壊後もまだまだ続いていった。

パパ・ブッシュの息子であるジョージ・W・ブッシュが2001年、第43代大統領に就任すると、当時の小泉純一郎首相に圧力をかけてきた。その代表例が「郵政民営化」だ。

郵政民営化とは、郵政事業を国営から民営に委託することだが、ハザールマフィアが狙っていたのは郵便事業ではなく、郵便貯金と簡易保険の方だった。その総額は350兆円にものぼり、金融機関としては当時世界最大の規模。そのお金は日本人の個人資産に他ならない。

しかし、小泉は「郵政民営化!」のワンフレーズによって2005年の総選挙で大勝すると、国民の圧倒的支持を得たとして民営化を実現させてしまう。その結果どうなったか。郵便貯金と簡易保険の運用がハザールマフィアの投資銀行ゴールドマン・サックスに委託され、日本人の資産350兆円の半分以上が海外に投資という形で流出してしまったのだ。

この小泉政権の中で、特にハザールマフィアの先兵となって日本の資金流出に尽力したのが竹中平蔵だった。後に日本郵政初代社長となる三井住友銀行頭取の西川善文とゴールドマン・サックスをつないだのも竹中だ。

彼はさらに「株式持ち合い」の解消も後押しした。株式持ち合いとは、会社同士が双方の株式を所有すること。これは日本特有のもので、株式を双方が持ち合うことで、ハゲタカファンドなどによる株式買い占めや会社の乗っ取りを防ぐ効果があった。しかし、竹中がこれを解消したために、外国資本が日本企業の株を買い、実質的に日本企業を支配するようになっていった。その結果、現在では日本の大企業のほぼすべてが、外国人資本家やハザールマフィア傘下のハゲタカファンドと金融企業に株式を握られる事態になっている。

また、竹中によって日本独自の金融慣行である「メインバンク制」も廃止させられた。メインバンク制とは、企業が特定の銀行などに限定して借り入れを行い、資本だけでなく人的な面でも密接な関係となる日本独自の制度である。これが廃止されたことで、メインバンクだった日本の金融機関に取って代わって、外資系の銀行やハゲタカファンドなどのハザールマフィアが日本企業に融資を行い、利益を巻き上げていくことになる。

その他にも、構造改革という美名のもと、竹中が推進した日本道路公団の民営化や労働者派遣法の改正などは、すべてハザールマフィアが自分たちの利益のために日本に要求してきたことである。竹中はこれらの改革を忠実に実行していった。まさにハザールマフィアに日本の富を差し出した売国奴そのものである。

## アメリカの要求はすべて丸呑み！　日本は忠実な下僕

ハザールマフィアが日本に要求してきたことは「年次改革要望書」を見れば分かる。

これは1993年7月、宮澤喜一首相とビル・クリントン大統領との会談で決まったとされ、1994年に第1回が行なわれた。日本政府とアメリカ政府の間で、両国の経済発展のために改善が必要と考える問題点についてまとめた文書を毎年交換するという制度だ。この文書は両国政府によって公開されており、日本からのものは外務省のウェブサイトで、アメリカからのものは駐日アメリカ大使館のウェブサイトで、それぞれ読むことができる。

この文書を読んで分かることは、日本からの要求はまったく実現していないのに対して、アメリカからの要求はほとんどが実現しているということである。先に述べた郵政民営化を筆頭に、金融ビッグバン、建築基準法改正、大規模小売店舗法（大店法）の廃止、司法制度改革、労働者派遣法改正による人材派遣の自由化など、これらはすべて日本のそれまでのルールを破壊することでハザールマフィアの傘下にあるアメリカ企業が日本に乗り込むことを可能にしたものばかりだ。

この年次改革要望書は2009年、自民党から民主党に政権交代したときにいったん廃止にされたが、その後も「アーミテージレポート」や日米経済協議会（USJBC）などによって引き継がれ、アメリカは日本に対する政策の押し付けを行なっている。

ちなみに、アーミテージレポートとは、先にも紹介したリチャード・アーミテージ元国務副長官がジョセフ・ナイ元国防次官補らとともに日本政府に対して提言している文書のことで、2018年までに4度、提出されている。

これらアーミテージレポートや日米経済協議会による提言に対して、現在の安倍首相は忠実といっていいほどに実現に向かって邁進している。

例えば、法人税率の引き下げや働き方改革、総合型リゾート整備推進法（カジノ法）といったものだけでなく、特定秘密保護法や有事立法の成立、武器輸出三原則の撤廃、原発再稼働、そして集団的自衛権を行使することを可能にした安保関連法の成立など、まさにアメリカの要求を丸呑みしている状態だ。

## 水道やタネ、日本のインフラもアメリカに献上

安倍政権下で行われた主要農産物種子法（種子法）の廃止や水道法の改正なども、ハザー

ルマフィア傘下の外国企業が日本に参入できるようにしたものである。

種子法とは、日本の主要農作物であるコメや大豆、麦などの種子を農家へ安定供給するための法律だ。しかし、種子法が廃止されたことで、これまで都道府県によって守れてきた種子が外国企業にも解放されることになってしまった。このことによって大手資本の多国籍企業に日本の種子が独占され、遺伝子組み換えの種子などが売り付けられるのではないかという懸念の声があがっている。

水道法の改正についても、安倍内閣の副総理兼財務大臣である麻生太郎が、2013年4月19日、ワシントンD.C.にあるCSIS（アメリカ戦略国際問題研究所）で行なった会見で、「日本の水道はすべて国営もしくは市営・町営だが、こういったものをすべて民営化する」と宣言した。しかも、国会に法案が提出される前のことである。それなのに、すでに法案が通ったかのような勝手な言い方は、日本の議会に対してだけでなく、日本国民をバカにしているとしか思えない。水道という国民の命にかかわる最重要なインフラを民営化することで誰が儲かるかといえば、外国企業であり、現に、この水道法改正によって水道事業を請け負ったり、名乗りをあげたりしているのは彼らだけだ。それら外国企業はハザールマフィアの傘下にあることはいうまでもない。

しかも、麻生が会見を行なったCSISは、民間のシンクタンクに過ぎないのだが、ワシントンD.C.に本部があることからも分かるとおり、ハザールマフィアの組織である。先に述べた「アーミテージレポート」もこのCSISから発表されている。

そのCSISで麻生が高らかに日本の水道事業の民営化を宣言したのだから、その後ろにいるのはハザールマフィアであり、その指示を受けているということは一目瞭然だ。このときの麻生の隣にはCSISの副理事長であるマイケル・グリーンがしっかりと座っていた。

ちなみにグリーンは、CSISの日本支部を本拠地として日本の政治家や官僚をコントロールしてきた人物であり、アーミテージと同じように「ジャパンハンドラーズ」と呼ばれる日本の裏の支配者の1人である。

さらに、CSISには麻生だけでなく安倍晋三首相もたびたび訪れており、現在でも日本から多くの若手官僚や政治家の卵たちが出向している。小泉純一郎の次男で、将来の首相候補と持てはやされている小泉進次郎もCSISに在籍していた1人だ。ハザールマフィアはCSISを使って巧妙に日本の政界を洗脳しているのである。

## アベノミクスで儲かるのは大企業と株主のみ

安倍首相が行なっている「アベノミクス」にしても、日本の資産をハザールマフィアに手渡しているに過ぎない。

アベノミクスとは、「財政出動」「金融緩和」「成長戦略」という「3本の矢」で日本経済を復活させようというものだが、実際問題として、その恩恵を感じ取っている日本国民がどれだけいるのだろうか？　確かに株価は上昇傾向になったが、実体経済はどうであろうか？厚生労働省の国民生活基礎調査によれば、日本は米国、中国に次ぐ世界第3位の経済大国でありながら、現在7人に1人が貧困にあえいでいるという。ハザールマフィアが完全に日本を食い物にする前の1980年代半ば、女性会社員の給料は手取りで15万円ぐらいだったものが、今では同じ仕事をしていても7万円ぐらいというのが実態なのだ。

株価の上昇傾向にしても、単に日本銀行が買い支えているに過ぎない。

そもそも、日本の中央銀行である日本銀行は、アメリカのFRB（連邦準備制度理事会）と同じ構造である。つまり、国営の銀行ではなく「民間銀行」だということだ。その株式は日本政府が55％を所有し、残りの45％を民間が持っている。その民間の株主は非公開になっているが、私が長年にわたって独自に調査を続けた結果、日銀株の大量保有者はロックフェラー一族とロスチャイルド一族などのハザールマフィア勢力だということが分かった。第2章でアメリカのFRBを使って収益を吸い取るハザールマフィアの構図を説明したが、まさに日本銀行でも同じようなことが行われているのである。

さらに、日本銀行は2013年以降、アベノミクスに基づいて黒田東彦総裁により「異次元の金融緩和」を実施し、この6年で500兆円にも近いお金が市場に供給されてきた。しかし、その恩恵は一般庶民にはほとんど行き渡っていないことは、先に述べたとおり、7人に1人が貧困にあえいでいるという調査結果に表れている。

それでは、市場に供給されたこの巨額のお金はいったいどこに行ってしまったのか。

それは、結果としてアメリカ資産を買い支えるために使われてしまったのだ。

安倍政権は2014年5月、180兆円に及ぶ年金資金の株式投資拡大を発表したが、国内投資を促す方針を打ち出さなかった。そのために、国内の機関投資家はアメリカを中心とした利回りのいい投資に流れてしまい、2017年にはとうとう日本の海外資産の総額が1000兆円を突破し、2018年には1018兆380億円となって7年連続で過去最高を更新している。それはつまり、それだけのお金がそのままハザールマフィアの財布に流れ込んでいったということでもある。

また、大手企業の内部留保は2018年度末で449兆1420億円となり、過去最高を更新した。内部留保とは、企業の利益から法人税や配当を払った後に残った余剰金などのことだが、アベノミクスによる法人税減税などの恩恵を受けた大手企業は、内部留保を貯め込むだけ貯め込んで、賃金上昇や雇用拡大につなげようとはしなかった。これでは大企業が肥え太るだけで、アベノミクスの恩恵が国民に届かないのも当然である。結局、肥え太った大企業と、その株主であるハザールマフィアが恩恵を受けただけだった。

それに加えて、日本銀行の買い支えによって株価が高値で維持されていることも、大企業の株主であるハザールマフィアの利益にしかならない。日本株の売買において70%を占めるハザールマフィア関係の外国人投資家もまた、その恩恵にあずかっているともいえよう。

## アメリカに刃向かって怪死した日本の政治家

それにしても、どうしてここまで日本はハザールマフィアのご機嫌をとらなければいけないのだろうか。

じつは、これまでにハザールマフィアに反旗を翻そうとした気骨のある政治家はいた。田中角栄元首相もその1人だ。田中は、先に紹介したFBIの調査レポートに、パパ・ブッシュが支配するCIAの資金について告発しようとしたと記されている。しかし、田中はロッキード事件の被告となり、失脚に追い込まれた。

興味深いのは、そのロッキード事件の発端である。それは、アメリカの上院外交委員会で航空機メーカーのロッキードが日本の政府高官に賄賂を渡したと証言したことだ。つまり、アメリカからリークされたのだ。ハザールマフィアの工作であるとみて間違いない。

その田中の築いた派閥を吸収する形で首相となった竹下登も、反旗を翻した1人だった。竹下は、アメリカが自国の貿易赤字を解消するため円高ドル安にさせた「プラザ合意」のときの大蔵大臣であり、その会合に出席して調印を行った当事者だった。

しかし、竹下はこのプラザ合意には内心反対しており、1989年に首相を退任した後も隠然たる影響力を持ち、アメリカから押し付けられていたアメリカ国債を売却しようと考えた。アメリカ国債は、第2章でも説明したとおり、アメリカの財政を支える重要な財源の一つであり、日本は現在に至るまでアメリカの財政を助けるためにアメリカ国債を買い続けてきた。そのアメリカ国債を竹下は売ろうとしたのだ。

竹下の最期は悲惨なものだった。アメリカ国債の売却話を知ったハザールマフィアは激怒し、竹下を拉致するとアラスカに連れていき、全裸にして薬物を注射し、ヘリコプターから吊して拷問を加えた後、最後に睾丸を蹴りつぶして殺した。

その上、その拷問と惨殺の様子を撮影し、以降の日本の政治家や官僚に対する脅しとして使用するようになったという。

もちろん、このような事実は公表されるわけはない。竹下は2000年6月19日にすい臓がんで死亡したことになっている。しかし、竹下が見せしめで殺されたことは、私が公安筋など、複数の情報筋から直接、聞いたことである。

それでも、そんな竹下の死の後もハザールマフィアの脅しに屈しない政治家はいた。しかし、みな、謎の死を遂げている。

竹下の死の直前になるが、竹下の側近で、首相を務めた小渕恵三もその1人だ。彼は首相任期中の2000年4月2日、脳梗塞を発症したとして緊急入院し、そのまま帰らぬ人となったが、ハザールマフィアに毒殺されたのではないかと見られている。

その小渕の前の首相だった橋本龍太郎も竹下の側近であり、竹下と同じようにアメリカ国債の売却を示唆したことで、2006年7月1日、謎の死を遂げている。発表によれば、腸管虚血が死因とされたが、その腸管虚血の原因がよくわからず、遺体が病理解剖に付されたほどだった。

その他、戦後の国際金融システムを支えてきたハザールマフィア支配下のIMF（国際通貨基金）への10兆円もの無償拠出を約束した麻生太郎内閣において、その担当大臣だった中川昭一は、2009年2月、イタリア・ローマでの記者会見にて、まるで酒に酔っているような状態で呂律が回らなくなり、ついには大臣を辞職した。

じつは、中川はIMFへの無償拠出に反対し、政府が保有するアメリカ国債を売却しようとしていたという。記者会見での謎の酩酊は、ハザールマフィアから何らかの薬を混入された可能性があり、同年10月4日には自宅2階の寝室で倒れているところを発見され、救急搬送先で死亡が確認された。その死因についても謎が残されたままになっている。

このようにハザールマフィアの支配下にあるアメリカの国債を売ろうとしたり、ハザールマフィアが支配するCIAの秘密資金を暴露しようとしたりした日本の政治家たちは、ことごとく謎の死という報復を受けている。これを間近で見ていた政治家たちは、もはやハザールマフィアの意向に刃向かうことなど考えられなくなっていったのだろう。

## 後ろ盾を失った安倍政権の「機嫌取り外交」

とはいえ、日本の政治家がハザールマフィアから脅され、命令を受けてきたのは昔のことである。世界は今、第5章で述べたとおり、新勢力が新しい世界の枠組みを作るべく、ハザールマフィアと激しく戦っている最中だ。日本もこの流れに乗るべきだと私は思う。しかし、現実は、残念ながらそうなってはいない。それどころか、慌てふためいて、逆にハザールマフィアにしがみついているように見える。

それは、安倍首相の動向を見ても分かる。

これまでの日本は、先に説明したとおり、ハザールマフィアの手先であるアーミテージや

CSISの副理事長であるマイケル・グリーンたち「ジャパンハンドラーズ」によって支配されてきた。このジャパンハンドラーズを近年、管理してきたのが2015年に太平洋軍司令官に就任したハリー・B・ハリスだった。

ところが、2017年1月、アメリカ大統領にトランプが就任した。これまでのようにハザールマフィアの息がかかっていない政権の誕生に安倍は慌てふためき、大統領就任前の2016年11月には早くもニューヨークのトランプを訪ね、特注のゴルフクラブを贈呈してご機嫌を取るような態度をとった。

さらに、2017年11月のトランプによる日本初訪問のときには、トランプの娘が主宰する「イバンカ基金」に57億円を拠出しただけでなく、戦闘機やミサイルの購入など、少なく見積もっても1000億円に及ぶ金をアメリカ側に提供した。

トランプ初来日のとき、ジャパンハンドラーズの管理をしていたハリー司令官から表敬訪問を受けた安倍は、アーミテージとグリーンが裏の権力の座を追われて、横田基地に身を潜めている事実を知らされた。ハザールマフィアの傀儡であった安倍政権は、その後ろ盾を失う状態になっていたのだ。

しかし、そのことで安倍が選んだ道は、ハザールマフィアの支配から日本を脱却させることではなく、様子見だった。ハザールマフィアの力が弱まっているとはいえ、まだ完全に力を失ったわけではなく、依然として世界の頂点に居座り続けている。トランプを大統領に押し上げたのはアメリカ軍の良心派と呼ばれる勢力だが、今後どうなるか分からない。安倍はハザールマフィアとアメリカ軍良心派のどちらにも擦り寄っては機嫌を取り、どちらに転んでもいいように保険をかけた。それが、現在の安倍の政治的スタンスである。

## アメリカの武器を「爆買い」する日本

安倍首相のアメリカに対する媚び方は尋常でないように見える。

日本はアメリカの国債を買い続け、2019年6月には約2年ぶりに中国を抜いて国別の保有額で第1位となっている。その額は1兆1300億ドルにも達し、2016年10月以来約3年ぶりの高水準だ。

米中貿易戦争に関しても、中国が買うはずだったトウモロコシを日本が代わりにアメリカから買うことを請け負い、2019年9月の日米貿易交渉では、牛肉や豚肉、小麦などへの関税をアメリカの要求どおりに引き下げて、トランプをよろこばせている。

さらには、アメリカからの武器の「爆買い」だ。

日本政府は「武器」とは言わず「装備品」という言い方をするが、日本が2019年度にアメリカから買った主な装備品だけでも、イージス・アショア２基など４２２２億円、Ｆ35Ａ戦闘機６機９１６億円、Ｆ35Ａ戦闘機搭載ミサイル73億円、滞空型無人機グローバルホーク１機１８９億円、新早期警戒機Ｅ－２Ｄ２機５４４億円などとなっている。

また今後、新防衛大綱策定へ向けて検討している装備として、Ｆ35戦闘機１００機、無人攻撃機アベンジャー20機以上、無人潜水機の開発、護衛艦いずもの空母化、などが挙げられている。

第２章でも触れたが、日本はこれまでアメリカから購入してきた装備品の返済ローンの残高が２０１９年度で５兆円以上に膨らんでいる。そんな多額の借金が残っているにもかかわらず、日本はまだアメリカから武器を購入しようとしているのだ。まさに、アメリカの要求を丸呑みする、天井知らずの武器購入といえる。

しかも、武器購入の代金はすべて日本国民の税金である。安倍が首相に復帰した２０１２年以降、防衛予算は増え続け、２０１９年度には過去最高の5・３兆円を越えているが、その防衛費の大半がアメリカからの武器購入費に回されているという現実を日本国民はどう思っているのだろうか。

第２章でアメリカが今や海外に輸出できるものは、小麦などの農産物の他には武器ぐらいしかないと述べたが、日本はそのアメリカが輸出できる品物を買えるだけ買い取っているといっても過言ではない。それほどまでに安倍はアメリカに貢いでいる。

ハザールマフィアが恐くてたまらないのか。それとも、それにとって代わろうとしているアメリカ軍良心派への貢ぎ物と思っているのか。

## 「北朝鮮問題」で日本が蚊帳の外の理由

日本がアメリカから武器を購入する理由の一つに、「北朝鮮の脅威」があるとされる。しかし、それは本当のことだろうか。

2018年6月12日、アメリカのトランプ大統領と北朝鮮の金正恩《キムジョンウン》朝鮮労働党委員長がシンガポールで史上初の米朝首脳会談を行い、友好的な雰囲気のうちに終わった。トランプはそれまで、核弾頭と長距離弾道ミサイルの開発を続ける金正恩のことを「ロケットマン」と蔑み、激しく非難していた。それが嘘のように笑顔で会談に臨んだのだ。

日本は完全に肩透かしをくらった格好だった。安倍首相はそれまでトランプに同調するかのように「必要なのは対話ではなく、圧力だ」と威勢のいいことを言い続け、第3次時世界大戦を起こしたいハザールマフィアの意向に沿った行動をしてきた。アメリカから高額な武器を買い続けてきたのも北朝鮮への圧力の一環であり、脅威論をあおることで武器購入を正

## トランプに貢ぎ続ける
## 安倍首相の「ご機嫌取り外交」

2019年5月、安倍首相は来日したトランプ大統領とゴルフをプレーした後、自撮り写真をツイッターにアップし、親密さをアピールした。「シンゾウ」「ドナルド」とファーストネームで呼び合う関係だが、米国債から兵器まで「爆買い」してくれる安倍は、トランプにとって上得意の客さんであり、愛想が良くなるのも当然だろう。

（出所）安倍晋三首相のTwitterより

当化する狙いもあったのだろう。ところが、肝心のトランプが北朝鮮との対話を望んだ。圧力を強調してきた安倍は、完全に米朝対話の蚊帳の外に置かれてしまったのだ。

２０１９年2月にベトナムで行われた2回目の米朝首脳会談は決裂に終わったが、２０１８年末までＣＩＡコリアミッションセンター長を務め、北朝鮮との非核化交渉を中心的に担っていたアンドリュー・キムが２０１９年3月に韓国で開かれたＡＰＲＡ（スタンフォード大アジア太平洋研究センター）関連の会合に出席し、この米朝首脳会談の決裂について興味深い発言をしている。

キムによると、北朝鮮は首脳会談の際に「グアムやハワイなどにあるアメリカの戦略兵器の撤去」および「米軍インド太平洋司令部の無力化」を要請したのだという。

つまり、アメリカと北朝鮮の間では、非核化や長距離ミサイルの開発などの問題はすでに飛び越え、新しい世界の枠組みをどうするかについて話し合いが行なわれていたのである。

これは、トランプがハザールマフィアの意向よりもアメリカ軍良心派に重点を移していることの表れである。ハザールマフィアが望んでいるのは、あくまでも第3次世界大戦であり、決して北朝鮮と韓国の統一ではない。その一方で、アメリカが欲しいのは北朝鮮の国内に埋蔵されている地下資源だ。この資源を手に入れることができれば、ハザールマフィアにとっても利益になる。だからこそ、ハザールマフィア側もトランプと北朝鮮の対話を注意深く見守っているのだ。

トランプは２０１９年６月30日、一度は決裂した金正恩と板門店で再び会い、和平交渉の継続を確認した。同年10月２日に北朝鮮は再び弾道ミサイルの発射実験を行なったが、トランプは米朝の協議を続ける考えを示し、ストックホルムでの米朝実務交渉が10月５日に決裂しても言葉を控えた。金正恩もトランプとの関係を「特別な関係」だとして、相互の信頼関係を維持していると声明で発表し、これに応えている。

そんなトランプの言動に慌てたのか、安倍は２０１９年５月27日の日米首脳会談後の記者会見で、「前提条件なしで金正恩委員長と会談を目指す方針について、トランプ大統領の全面的な支持を得た」と得意そうに述べたが、アメリカの顔色ばかりをうかがう日本は北朝鮮からまったく相手にされていないのが実状だ。

## 米朝問題は茶番！　北朝鮮とアメリカの密接な関係

そもそも北朝鮮は、その国の成立から、じつはハザールマフィアとの関係が深かった。

北朝鮮は第２次世界大戦後、ソ連に後押しされた金日成によって建国されたとされているが、実際にその建国に大きく貢献したのは旧満州から逃げてきた日本軍の残党だった。彼らは敗残兵として日本に帰るよりも北朝鮮に活躍の場を求めたのだ。

そして、彼らは1950年から1953年にかけて勃発した朝鮮戦争を経て、北朝鮮での地位を確立していく。さらに、同盟国だったナチス・ドイツの残党を介してパパ・ブッシュの父親であるプレスコット・ブッシュと通じ、さらにはパパ・ブッシュがCIAの裏資金を調達する任務を与えられたことで、北朝鮮製の覚せい剤を売りさばくことに協力していく。つまり、ブッシュ一族のナチス派ハザールマフィアの協力者となっていったのだ。それはまた、北朝鮮にも莫大な利益をもたらすことになり、北朝鮮を国家として確立させていく助けにもなっていく。

その後も、彼ら日本軍の残党は、北朝鮮の諜報部門にも食い込み、大韓航空機爆破事件をはじめとする暗殺やテロに関わるようになっていく。それと同時に、ナチス派CIAとのつながりも維持していった。

ミサイル開発にしても、そのロケットエンジンはソ連崩壊後にハザールマフィアの支配下に置かれたウクライナから流入したものであることが分かっており、それどころか、北朝鮮の潜水艦はハザールマフィアの手先国家・イスラエルのものであるという情報もペンタゴン筋から伝わっている。

これらの事実を整理すると、北朝鮮はその建国から現在に至るまで、日本軍の残党を通してナチス派ハザールマフィアの影響を受けていたということである。

しかも、北朝鮮はすでに1998年に人工衛星を打ち上げており、いつでもアメリカ本土を射程圏に入れたミサイルを開発する準備はできていた。それなのになぜ、発射するぞと脅すだけで実際に攻撃しなかったのか？

それは、米朝問題がすべて茶番劇だからである。

核開発の問題にしても同様だ。これまでの20年間、アメリカとの間で核問題の緊張がピークに達するたびに北朝鮮は核開発の凍結を約束するが、しばらくすると協議を決裂させる。再び北朝鮮が核開発に乗り出し、緊迫した状況になるとまたアメリカと和解へ向かう。これは、まさにトランプと金正恩の最近のやり取りと同じだ。

北朝鮮を影響下に置くハザールマフィアは単に緊張関係をあおりたいだけなのである。ハザールマフィアの手口を思い出してほしい。彼らは戦争を起こしたり、戦争をあおったりすることで自分たちの利益を得えてきた。北朝鮮についても脅威をあおることで、ハザールマフィアは儲けを企もうとしている。一方の北朝鮮も自らの脅威をあおることで、経済協力の見返りなどを受けてきた。ハザールマフィアと北朝鮮はお互いさまの関係だったのだ。

しかし、世界の潮流は、そんなハザールマフィアのやり口に騙されなくなりつつある。そもそも、アメリカ軍の良心派がハザールマフィアの挑発に乗らないよう世界各国の軍と連絡を取り合っているのだ。それなのに、日本だけはハザールマフィアの指令どおりに北朝鮮の脅威を騒ぎ立て、北朝鮮の脅威を理由にアメリカの言うがままに多額の武器を購入し、今後も購入しようとしている。日本はいったいどこへ向かおうとしているのか?

## 洗脳された日本人と過去最悪の日韓関係

安倍首相は、北朝鮮同様に韓国に対しても、強気の姿勢を変えようとはしない。

韓国は２０１７年５月、保守系の朴槿恵《パククネ》大統領の弾劾・罷免にともなう大統領選挙で、革新系の文在寅《ムンジェイン》が当選した。文大統領がこれまでの政権にもあった反日政策をさらに発展させた結果、自衛隊機へのレーダー照射や徴用工・慰安婦問題の蒸し返し、日本製品の不買運動、竹島周辺での軍事訓練、与野党議員の竹島上陸、ＧＳＯＭＩＡ（日韓の軍事情報包括保護協定）の破棄など、数多くのことが起こっている。

なかでも、徴用工訴訟問題に端を発した形で、日本が優遇措置の対象国であるホワイト国（現在は「グループＡ」に改称）から韓国を除外したことが大きな反発を招き、日韓の関係は過去最悪の状態にまでなってしまった。

徴用工訴訟問題とは、第２次世界大戦中に日本の統治下にあった朝鮮や中国から日本の工

## 北朝鮮とアメリカが繰り返す
## 核開発をめぐる茶番劇

2018年6月、史上初めての米朝首脳会談が行なわれた。以降、両国の関係は友好と決裂を繰り返している。結局、過去20年間、米朝が核問題において緊張と緩和を繰り返してきた茶番劇と同じである。ハザールマフィアの傀儡国家である北朝鮮の真の狙いは、和平よりも核の脅威をあおって儲けを得ることなのだ。

（出所）ドナルド・トランプ大統領のInstagramより

場や炭鉱などに労働力として動員された元徴用工とその遺族が、その当時の給料や補償が未払いだとして法廷に訴えたことをいう。韓国の最高裁判所は日本企業に対して賠償金の支払いを命じる判決を下した。これに対して日本政府は、1965年に締結した日韓基本条約や日韓請求権協定においてすでにこの問題は解決済みになっているという立場をとり、日本企業に賠償金を払わないよう指示したとされている。

さらに、日本政府はこの元徴用工判決に報復する形で、2019年8月、輸出管理において優遇措置をとる「ホワイト国」から韓国を除外する政令を決定した。そのために、韓国の政財界にまで反発が広がり、韓国国民の日本製品不買運動までに発展していった。

もちろん日本政府は、韓国のホワイト国除外の措置は元徴用工判決とはまったく関係のないことだと主張したが、韓国の反発は強く、日韓の間で交わされていたGSOMIAの破棄を日本に通告するまでになる。このGSOMIAは日韓の間で軍事機密を共有しようというものであり、もともとはアメリカの要請を受けて締結したものだ。それだけに、アメリカ側による韓国への懸念も生まれた。

とはいえ、韓国側の反発は、安倍首相の強気な外交姿勢が招いたという一面もある。現に、安倍を支持する保守派といわれる人たちは、安倍が韓国に強硬姿勢を取るたびに喝采を上げ、日本国民の「嫌韓」をあおってきた。その結果、出版不況の中で「嫌韓」を扱う書籍や雑誌だけが売り上げを伸ばしているとも聞く。大手出版社・小学館の「週刊ポスト」までが「嫌韓」を助長する特集記事を載せたとして批判を受けたことも記憶に新しい。

しかし、不思議なのは、「嫌韓」をあおる保守派といわれる人たちは、ことアメリカに関してだけはなぜか口をつぐむことだ。安倍がアメリカの言われるままにどんなにお金を貢いでも批判する声が聞こえてこないのだ。

これは、まさにハザールマフィアの洗脳に縛られているとしか思えない。これまで見てきたとおり、ハザールマフィアはなんとかして日本と韓国、それに中国を分断させようとしている。日本と韓国が中国を中心としてまとまるようなことにでもなれば、世界の覇権は一気に中国に移ってしまうことが目に見えているからだ。それなのに、日本の多くの国民はハザールマフィアが望んだとおりの状況を支持し、安倍への支持率も高いままで安定している。２０１９年7月21日の参議院選挙でも与党が勝利し、安倍政権は安泰なままだ。しかし、その支持率自体もマスコミの情報操作であり、選挙自体も不正の疑いが強いのだが、このことに対しても抗議の声が聞こえてこない。

そういった意味でも、日本はまだハザールマフィアの支配下にあるといっていいだろう。特に日本国民の多くは、インターネットが普及したとはいえ、いまだにハザールマフィアが支配する大手マスコミの影響を強く受けているといえる。

しかし、このまま日本はハザールマフィアの支配を受け、自国の富を吸い取られるだけでいいのだろうか。そもそも、日本を含めて世界は今、既存の経済運営の方法では現状を維持することすらできない事態に追い込まれている。

## 金融・経済の破綻と「老後資金2000万円」問題

2019年6月、日本では「老後資金は2000万円必要」という金融庁の報告書が波紋を呼んだ。この事実を聞かされた日本国民は老後にそんなお金はないと騒いだが、そのとたん政府はこの報告書自体をなかったことにして問題をもみ消そうとした。

しかし、政府がどんなに国民の目を反らそうとしても、年金だけでは老後の生活をまかなえないという事実は消すことができない。

問題の根源は、今の「欧米流の金融・経済の仕組み」にある。

年金は若者たちが保険料を負担することで高齢者世代を支える制度だが、その資金を補うためにさまざまな金融商品を購入し、運用するのが一般的だ。

例えば、その金融商品の中に「金融派生商品」というものがある。これは株式や債券、金利、通貨、金、原油などの原資産の価格をもとに派生した金融商品のことをいい、本来はなるべく損をしないようリスクを回避する目的で作られたものなのだ。ＢＩＳ（国際決済銀行）の報告によると、２０１８年６月の時点で世界の金融派生商品の総額は５９５５兆ドルにのぼり、全世界のＧＤＰの７・６倍にもなるという。

また、１日で行われる為替取引額も５兆ドルを越え、実際にモノを売り買いする実体経済で必要な額の３００倍以上になっている。

これらの数字の意味することは、世界の金融商品や為替取引はもう現実世界とは違うところで動いているということである。本来なら金融や経済は実際にそこに存在しているモノとモノとの売買で動いているはずなのに、全世界のＧＤＰの７・６倍もの額の金融商品が世界で売買され、実体経済の３００倍以上の額が為替取引されている。そこには、もう現実世界に裏打ちされたモノが存在しない。

実際に欧米流の経済学は複雑な計算式で成り立っており、スーパーコンピュータでなければ答えをはじき出せないようになっている。一般人の理解できる範囲をはるかに超えているといっていい。現在の金融や経済は、現実世界と完全に乖離しているのだ。

はたして、このような状態のままで今後も金融や経済は回っていくだろうか。２００８年のリーマンショックがサブプライムローンという欠陥金融商品の破綻から起こったように、いつ経済恐慌が起こるか分からない。ハザールマフィアを支えている世界の金融や経済は、今や砂上の楼閣といっても過言ではないのだ。

## 「少子化」の行き着く先は「人類の滅亡」

欧米流の金融・経済の仕組みに関して、もう一つ問題なのは「少子高齢化」である。日本も他の先進国と同様、少子化が加速しており、厚生労働省によると、2018年に日本国内で生まれた日本人の子どもの数は91万8397人で、統計がある1899年以降、最少を記録した。このまま人口が減っていくと、どんなにおカネを刷ったところで、それを使う人がいないので、実体経済が低下し、必ず国力も衰退していく。

年金の問題にしても、高齢者を支える若者が増えない限り、制度を維持していくことは不可能になる。本来なら、老後の資金を2000万円貯めるように国民に迫るよりも、安心して子どもを産み育てることができる社会を作ることのほうが重要なのだ。

しかし、これまでの社会のままでは少子化は止まらない。住環境や雇用制度、教育制度、人々の価値観など、さまざまな要素を総合的に変えていかなければ根本的な解決は望めない。

例えば、住環境一つを取り上げても、ハムスターは檻が狭いといくら餌を与えても子どもを産まなくなるように、狭い集合住宅に人々が密集して住んでいる社会では、潜在的な本能が働くからなのか、極度に少子化が進む傾向がある。シンガポールや香港、韓国、そして日本の都市部がまさにその状況に当てはまる。

欧米諸国も少子化が自国経済の発展を阻害することが分かっているので、特に北欧諸国やフランスなどは政府がさまざまな政策を行い、なんとか少子化を食い止めようとしている。しかし、それでも多くの国は少子化を克服できていないのが現状だ。もしもこのまま少子化が克服できなければ、人口がどんどん減っていき、世界の経済が衰退に向かうだけでなく、その延長上にあるのは人類の滅亡だといっていいだろう。

人類は自分たちのわがままで自然環境を破壊してもきた。現在の地球を取り巻く自然環境は約6500万年前に起きた「恐竜絶滅」以来の危機的状況に陥っているといわれている。世界最大規模の自然環境保護団体WWF（世界自然保護基金）の報告によると、1970年代以降、我々人類は哺乳類や鳥類、魚類、爬虫類などの動物の60%を絶滅させてしまったという。今度は人類自身が滅亡する番かもしれない。

## 「少子高齢化」と「増税」で日本は衰退

世界は現在、戦後に作られた国際社会の仕組みや枠組みを白紙に戻して、根本から見直すべきときに来ている。「人類の幸せ」や「自然との調和」、「社会全体の未来」などに対するビジョンを明確にして、それをベースに今こそ運営の仕組みを再起動させるべきなのだ。

しかし、日本の現状を見ると、少子化をはじめとして何も問題を解決する策を持っていないように見える。

日本では2018年に生まれた子どもの数が過去最低を記録したと先に説明したが、世界銀行がその国の人口に占める14歳以下の比率を調べたところ、なんと日本は12・84%と、世界でワースト2位となっている。それほどまでに日本は世界の中で少子高齢化が進んだ国になっているのだ。

そんな環境の中、日本政府は2019年10月から消費税を10%に引き上げた。

世界的に有名なアメリカの投資家ジム・ロジャーズは2019年9月12日、日本外国特派員協会の記者会見で以下のように述べている。

「日本政府は少子高齢化で人口が減少傾向にあるにもかかわらず増税に走った。それにより、日本は国家として長期的に衰退していくだろう」

さらに具体的なデータを示した上で日本の若者に向けて次のような忠告も発した。

「日本を脱出しないと、どんどん貧乏になるぞ」

私はこんなたとえ話をよくする。50年代まで日本映画は黄金時代で、映画館はどこもお客さんで溢れていた。ところが、テレビなどが発達して映画館に行く人がどんどん減っていった。そこで映画館は収入を維持するために入場料を引き上げた。その結果どうなったか。映画館に行く人がさらに減ってしまったのだ。これは、まさに悪循環であり、負のスパイラルだ。これと同じことを今、政府はやろうとしている。ジム・ロジャーズが言うとおり、消費税を上げればかえって国は衰退する。

さらに、安倍政権は消費税を10％に引き上げたことで、「全世代型社会保障」という政策を持ち出してきた。全世代にわたって社会保障の充実が実現できれば、確かに素晴らしいが、その中身はというと、年金支給開始年齢の引き上げなど、高齢者に死ぬまで働けといっているのに等しい。政府は消費税を上げることで国民に「もっとカネをよこせ」と迫り、「死ぬまで働き続けろ」と脅しているのだ。

## 日銀国有化で「少子化問題」を解決

それでは日本はどうすればいいのだろうか。

答えは簡単だ。ハザールマフィアと決別すればいいのだ。

具体的にいうなら、「日本銀行の国有化」と「日本の企業や金融からハザールマフィアを追い出すこと」の二つをまずやる。

日本銀行は先に述べたとおり、ハザールマフィアが大量の株を保有している民間銀行である。従って、アメリカの中央銀行であるＦＲＢと同じように、そこで発行した「円」は日本政府に貸与した形になり、政府は利子を付けて日本銀行に返却しなければならない。その利子が日本銀行の儲けとなり、ハザールマフィアなどの株主に還元されて、彼らの利益となっていく。

その仕組みをやめ、日本銀行を完全に国有化すれば、ハザールマフィアの影響を排除できるだけでなく、日本銀行がいくら「円」を発行しても、政府は利子を付けて返却しなくても済むようになる。そうなれば、政府は借金することなく自由にお金を発行することができるので、社会保障や公共事業、国債、教育費など、すべてを政府紙幣でまかなうことができるようになる。

これには先例がある。１９３５年から１９７４年まで、私の母国カナダが政府紙幣を発行し、第２次世界大戦の戦争費用をはじめ、五大湖を大西洋につなぐ運河、世界最大の国道、病院や大学などの建設費、社会保険など、すべてをまかない、国を発展させたのだ。

しかし、ハザールマフィアの圧力で政府紙幣を発行することができなくなり、カナダの中央銀行は結局、日本銀行と同じように実質的には民間の銀行となってしまった。

このように、中央銀行を国有化することはその気になればできるのだが、カナダの例でも分かるとおり、ハザールマフィアから相当の圧力がかかることは間違いない。世界の金融を支配したいハザールマフィアは、決して中央銀行の国有化など許さないからだ。

日本でも、これまで日本銀行の国営化を提案した政治家や官僚はいたが、それはものの見事に握りつぶされてきた。

しかし、ハザールマフィアを排除するために覚悟を決めるべきだ。

ちなみに、政府紙幣にはマイナスの面もある。政府紙幣を際限なく発行すると、インフレーションを起こしてしまうのだ。その点に関しても、政府が紙幣の発行をコントロールすればいいだけの話であり、日本には優秀な官僚がいるので問題はないだろう。

日本銀行を国営化にしたら、その上で、少子化問題にもメスを入れる。

発展途上国で子どもの数が多いのは、老後が心配だからだ。老後の面倒を見てもらうために、子どもの数は多い方がいい。一方、日本のような先進国では子どもが多ければ多いほど教育費などがかかり、生活そのものが苦しくなる。その上、老後は子どもにではなく年金に頼るので、子どもは少なくてもいい、となってしまう。

そこで、このような現状を打開するために、子どもの教育費は政府紙幣で払うことで親の負担を減らし、年金の額は働いている自分の子どもの数に連動させることにする。つまり、子どもを多く産んだ方がそれだけ年金を多くもらえるようにするのだ。この方法で少子化は解決できる。

## 経済企画庁の復活と官僚組織の改革

ハザールマフィアと決別するもう一つの方法は、日本の企業や金融から彼らを追い出すことである。そのためには、80年代まで、彼らに解体される前の日本にあった仕組みに戻せばいい。つまり、「株式持ち合い」や「メインバンク制」などを復活させるのだ。

それを実現させるためには、司令塔として優秀で健全な官僚組織も必要になる。ただし、現在の経済産業省や内閣府のような国民よりも政権の顔色ばかりを見ているような役所ではなく、敗戦から高度経済成長を成し遂げたころに存在した通商産業省や経済企画庁のような、本気で日本国民のために働く役所を復活させる必要がある。

日本の優秀な官僚ならこれも可能だろう。ただし、現在の官僚組織は時の政権にかわいがられないと出世できない構造になっている。これを改めて、能力主義に戻す必要がある。

それと同時に「肩たたき」もなくす。肩たたきとは退職を奨励されることをいうが、今の官僚組織は年齢が上になるほど管理職のポストが減っていくので、官僚を辞めたり、または辞めることを奨励されたりして関連企業に天下りしていく慣例がある。そのために官僚たちは、天下り先を確保するために自分が監督している企業に便利を図ったり、融通を利かせたりして、日本の国益よりも自分やその企業のためにしか仕事をしなくなる。それでは日本のためにならない。給料も民間並みにして、ポストの数もそれなりに用意し、本当に日本のためだけを思って働いてもらうようにする。

じつはこのような官僚の肩たたきを廃止した国がある。シンガポールだ。シンガポールにできるのだから、日本にできないわけはない。ちなみに、シンガポールは世界で3番目に裕福な国となっているが、いまだに高度経済成長が続いている。

もちろん、ハザールマフィアを日本の企業や金融から排除しようとすれば、彼らの抵抗と圧力は相当なものになるだろう。しかし、日本銀行の国有化と同じく、それをはねのけるぐらいの覚悟がなければ、ハザールマフィアと決別することは到底できない。

はたして、今の安倍首相にその覚悟はあるだろうか。

## 日本が果たすべき「東西文明の融合と調和」

現在の安倍政権に対して批判的なことばかり述べてきたが、まだかすかな希望はある。

それは、日本をここまで追い込んだハザールマフィアが弱体化し、世界の頂点から追われつつあるということだ。

それゆえに今、日本がハザールマフィアと決別するような動きをしても誰も止めようとはしない。それどころか、中国やアメリカ軍良心派を筆頭とする反ハザールマフィア勢力が日本に味方することだろう。現に欧米軍当局の良心派はそうなったら日本を支援すると複数の筋が伝えている。

しかも、日本は競合する他の大国よりも一歩先に出ることができる立場にある。

歴史的に見ても、日本は明治維新を成し遂げ、積極的に西洋文明を取り入れて近代国家に生まれ変わることに成功した。

第2次世界大戦の敗戦後も、ハザールマフィアによる日本支配が完了する80年代以前までは官民一体となって経済成長を成し遂げ、世界第2位の経済大国にまでなった。

現在の中国が率いる陣営とハザールマフィアとの間で繰り広げられている世界覇権争いの中で、もしも日本が率先してできる役目があるとすれば、「アジアの時代をリードしようとしている中国」と「それに付き従うことに拒絶反応を示すハザールマフィアが支配する欧米などの国々」の妥協点を見いだすことだろう。東西文明の融合と調和を実現し、明治維新や戦後の高度経済成長を成し遂げた実績を持つ日本だからこそ、それが可能なのだ。

しかし、現在の安倍政権は、ハザールマフィアと反ハザールマフィアとの戦いを目の前にしながら、勝った方についていけばいいとばかりに様子見を決め込み、それでいて相変わらずハザールマフィアへの忠誠心を捨てようとはしていない。ハザールマフィアという檻の中にいて、その檻の扉が開いているのに、檻から出ようとしないのだ。もはや、ハザールマフィアに調教されている永田町の政治家たちに期待しても無理なのかもしれない。

しかし、国を作るのは誰だろうか？　政治家を選ぶのは私たち国民であり、私たち国民には投票という権利がある。私たちの国を作るのは私たち国民なのだ。

ハザールマフィアに支配されている大手マスコミからの情報を鵜呑みにすることなく、自分の頭で考え、行動してほしい。

さらには自衛隊にも期待したい。自衛隊が警察当局やアメリカ軍の良心派と話し合い、腐敗した政治家や官僚を追い出すぐらいの気概を見せてもらいたいものだ。

目覚めよ、日本！　目覚めよ、日本国民！

私はそう主張したい。

おわりに

現在の欧米社会は「淋病に冒された美女」のようなものだ。見た目は美しいが、何も知らないで付き合うと、後で大変なことになる。

ここでいう「淋病」とは、欧米を支配していたハザールマフィアのことである。

この病原体を退治するために今、中国やアメリカ軍の良心派をはじめとする勢力が戦っている。

この治療が終われば、ようやく世界は東西の調和に向かって歩きだすだろう。しかし、失敗に終われば、東西の調和はなされず、「人間を家畜のように支配する」世界が続いていくことになる。

その戦いは今、最終局面に入っている。

米中貿易戦争もその一つだ。

これは世界の覇権をめぐるアメリカと中国の戦いというよりも、これまでアメリカを支配してきたハザールマフィアとそれに反発する勢力との戦いであり、これまでの国際社会の枠組みを変えようという戦いでもある。

そして、この戦いの根本にあるのは石油本位制ドルであり、ハザールマフィアによる中央銀行の私物化だ。

これを金本位制に戻し、中央銀行を国有化するだけでも世界は変わる。

とはいえ、世界の情勢は刻一刻と変化している。ハザールマフィアの必死の抵抗も激化することだろう。これからも世界各国で波乱が起きる可能性が高い。

しかし、人類が完全にハザールマフィアから解放されたとき、世界平和も実現する。

日本も自らの道を選ぶときに来ている。ハザールマフィアが押し進めてきた「永遠に終わらない戦争」を選ぶのか、アメリカ軍、イギリス連邦、アジアの結社などが推進する「世界の平和的発展」を選択するのか。

それとも、中国の「一帯一路」構想を越えた新しい世界の建設プロジェクトを日本が提案するという道もある。

少なくとも世界にはもう、来るべき未来について悠長に検討している時間も、問題を先送りにする余地も残されてはいない。

2019年11月　ベンジャミン・フルフォード

# 米中新冷戦で激変する「未来の覇権地図」
## 令和日本はどこに向かう？

2019年12月10日　第1刷発行

著者　ベンジャミン・フルフォード

発行所　株式会社かや書房
〒162-0805
東京都新宿区矢来町113　神楽坂升本ビル3F
電話　03（5225）3732
FAX　03（5225）3748

装丁　明日修一
発行人　岩尾悟志
編集人　末永考弘
印刷所　中央精版印刷株式会社



ISBN 978-4-906124-87-9　C0036